AI 실감 콘텐츠

인공지능총서

인공지능 시대입니다. 기계가 인간의 인지를 대신하고, 사물이 인간을 통하지 않고 다른 사물과 직접 커뮤니케이션합니다. 이에 따른 인간 삶과 문명 변화를 정확히 이해·예측·대응하는 것은 이 시대 우리 모두의 과제입니다. 인공지능총서는 인공지능 기술과 환경의 여러 주제를 10가지 키워드로 정리합니다. 관련 개념과 이론, 학계와 산업계의 쟁점, 우리 일상의 변화를 다룹니다. 인간과 기술의 현재, 미래를 세심히 분석합니다.

일러두기

- 인명, 작품명, 저서명, 개념어 등은 한글과 함께 괄호 안에 해당 국가의 원어를 병기했습니다.
- 외래어 표기는 현행 어문규정의 외래어표기법을 따랐습니다.

처음이세요?

전문가세요?

AI 실감 콘텐츠

황이환 · 이재현

대한민국, 서울, 커뮤니케이션북스, 2025

AI 실감 콘텐츠

지은이 황이환 · 이재현
펴낸이 박영률

초판 1쇄 펴낸날 2025년 8월 11일

커뮤니케이션북스(주)
출판 등록 2007년 8월 17일 제313-2007-000166호
02880 서울시 성북구 성북로 5-11
전화(02) 7474 001, 팩스(02) 736 5047
commbooks@commbooks.com
www.commbooks.com

ISBN 979-11-430-0469-7 03500

책값은 뒤표지에 표시되어 있습니다.

차례

실감 콘텐츠와 AI의 만남 xi

01 실감 콘텐츠 기술의 지형도 1

02 AI가 바꾸는 실감 콘텐츠 기획 17

03 AI 인터페이스 혁신 27

04 AI 활용 콘텐츠 자산 생성 혁신 41

05 AI와 XR 콘텐츠 제작 51

06 AI와 홀로그램 콘텐츠 제작 61

07 AI와 실감 콘텐츠 디스플레이의 진화 75

08 AI와 개인화된 사용자 경험의 변화 89

09 AI와 실감 콘텐츠 규범 · 윤리 101

10 AI 활용 실감 콘텐츠 산업의 미래 전략 109

실감 콘텐츠와 AI의 만남

실감 콘텐츠 시대의 AI, 위기와 기회

실감 콘텐츠 기술이 급격히 진화하면서 AI(인공지능)는 그 중심에 우뚝 서게 되었다. 과거에는 컴퓨터 그래픽 연출이나 단순한 자동화 도구로만 여겨지던 AI는 이제 기획 단계에서부터 제작, 유통, 그리고 소비에 이르기까지 실감 콘텐츠의 생애 주기 전반을 재구성하고 있다. 생성형 AI를 활용한 시나리오 작성에서부터 AI 기반 실시간 편집, 더욱 정교해진 음성 · 자막 자동화 기술, 그리고 홀로그램 · XR(확장현실) 등 몰입형 콘텐츠 제작에 이르기까지 그 스펙트럼은 무한에 가깝다. 그러나 이와 같은 기술 혁신은 제작자와 관객 모두에게 양날의 칼이다. 한편으로는, 제작 시간 단축과 비용 절감을 가능케 하며, 창작자에게는 상상력의 한계를 넘어서는 새로운 표현 기회를 제공한다. 일례로, AI 기반 실시간 편집 툴은 현장 촬영 중 컷을 즉시 선별 · 배치함으로써 후반 작업 시간을 절감한다는 보고가 있고(박호열 외, 2024), XR 콘텐츠의 경우, AI가 자동 생성한 3D 오브젝트를 통해 기획자가 수십 시간에 걸쳐 모델링하던 작업을 단 몇 분 만에 끝낼 수 있다(김정호 외, 2022). 또한 AI 추천 엔진은 관객의 시청 이력과 반응을 분석해 맞춤형 인터랙티브 내러티브를 제안, 기존의 일방향 시청 경험을 넘어선 '참여형 실감' 시대를 열고 있다(이지은 외, 2025). 여기에 더해, AI는 실시간 감정 인식 기능을 통해 관객 반응에 즉각적으로 반응하는 적응형 콘텐츠를 구현, 몰입도를 한층 높이는 역할도 수행하고 있다. 다른 한편으로는, 일자리 축소 우려, 저작권 · 윤리 문제, 데이터 편향성 등 해결해야 할 과제도 명확하다. 대체 가능한 반복 업무가 늘어남에 따라 전통적 편집자 · 자막 번역가 · 모션 캡처 스태프 등 다양한 직군에 재교육이 필요하며(Sinai, 2025), 딥페이크 · 가짜 영상 생성 기술의 발달로 콘텐츠 진위 판별과 저작권 귀속 문제가 더욱 복잡해졌다. 또한 홀로그램 · 버추얼 휴먼 기술이 발전함에 따라 '가짜 연기'와 '실제 연기' 간 경계가 모호해지면서 문화산업에서의 윤리적 · 법적 책임 소재가 전례 없이 중요해졌다. 아울러, AI 학습용 데이터의 편향성과 투명성 부족은 특정 집단에 대한 부당한 표현 · 차별을 심화시킬 위험도 내포하고 있어, 공정한 알고리즘 설계와 검증 체계 구축이 시급하다. 바야흐로 실감 콘텐츠 산업의 판도를 근본부터 뒤흔드는 이 시점에 우리는 AI를 두려움의 대상으로만 볼 것인가, 아니면 협력과 공존의 동반자로 여길 것인가를 심각하게 고민해야 한다. 과거 디지털 전환의 경험이 시사하듯, 기술 변화에 대한 수용의 속도와 대응 전략이 향후 업계의 생존과 성장을 좌우할 것이다. 아날로그 필름에서 디지털 센서로의 전환을 준비하지 못했던 코닥(Kodak)의 몰락은 '기술 우위' 그 자체만으로는 충분치 않다는 교훈을 남겼다. AI 또한 단순히 도구로서 도입하는 수준을 넘어, 제작 프로세스 전반을 혁신하고 새로운 비즈니스 모델을 창출하는 방향으로 통합되어야 한다. 이를 위해서는 창작자, 기술 개발자, 플랫폼 사업자, 정책 입안자가 함께 머리를 맞대고 기술적 · 윤리적 가이드라인을 마련해야 한다(Bryant, 2024). 특히 실감 콘텐츠 분야에서는 인간의 감각과 인지 체계를 모방 · 확장하는 기술이 핵심이므로, AI가 제공하는 몰입도 높은 경험이 '진정한 의미의 실감'을 담보할 수 있도록 균형점을 찾아야 한다. 예를 들어, AI 기반 버추얼 휴먼은 연기의 다양한 감정 표현을 완벽하게 재현할 수 있을까? 홀로그램 콘텐츠는 관객과 공간을 어떻게 연결해야 몰입감을 극대화할 수 있을까? 또한 다중 감각(시각 · 청각 · 촉각)을 동기화하는 기술과 함께 AI가 사용자 행동을 학습해 맞춤형 경험을 제공하는 시스템은 어디까지 확장될 수 있을까? 이러한 질문에 대한 답을 찾는 것이 향후 실감 콘텐츠 산업의 지속 가능성과 직결된다.

기술 융합으로 재편되는 실감 콘텐츠 생태계

AI는 더 이상 '별도의 부가 기능'이 아니다. 실감 콘텐츠가 지닌 인터랙티브성과 몰입감을 극대화하기 위해, AI는 XR · 홀로그램 · 실감형 디스플레이 등 다양한 기술과 융합되어야 한다. XR 콘텐츠 제작 단계에서는 AI 기반 텍스처 생성이 배경의 사실감을 높이고, 3D 모델링 자동화가 제작 기간을 대폭 단축시키며, 자연어 처리(NLP, Natural Language Processing)를 이용한 실시간 사용자 상호작용 설계가 이용자 입력에 즉각 반응하는 인터페이스를 구현한다. 예를 들어, AI가 생성한 고해상도 텍스처는 기존 수작업 대비 품질 저하 없이 제작 시간을 줄인다는 연구 결과가 보고되었다(Dou, 2025).

홀로그램 분야에서는 딥 러닝 기반 볼륨 렌더링 기술이 입체감을 극대화하고, 실시간 뎁스 예측 알고리즘이 관객의 시선 움직임에 맞춰 영상을 동적으로 재구성하며, 고해상도 재구성 기술이 미세 디테일까지 선명하게 표현한다. 이러한 기술 조합은 전시에 활용되는 홀로그램 아트워크뿐 아니라, 공연 · 교육 · 의료 분야의 원격 협업 환경에서도 활용되어 그 효용을 입증하고 있다(김정호 외, 2022). 특히, AI는 복잡한 3D 데이터를 자동으로 최적화해 디바이스 성능에 맞는 스트리밍 품질을 보장함으로써, 대규모 관객에게도 안정적인 실감 경험을 제공할 수 있다. 한편, AI가 개인별 성향을 학습해 제공하는 '초개인화된 경험'은 사용자 만족도를 크게 높이는 동시에, 프라이버시 · 데이터 윤리 문제를 동반한다. 사용자 행동 데이터를 수집 · 분석해 최적의 콘텐츠를 추천 · 제공하는 것은 플랫폼 경쟁력을 좌우하는 핵심 요소가 되었지만, 이 과정에서 발생할 수 있는 알고리즘 편향과 사생활 침해를 방지하기 위한 책임 있는 설계가 요구된다. 실제로 국내 연구에서는 "추천 시스템이 특정 연령대 · 성별 콘텐츠만을 편중 추천해 문화 다양성을 저해할 수 있다"는 경고가 제기되었다(이지은 외, 2025). 또한, 실감 콘텐츠의 유통 · 소비 방식도 AI를 통해 재정의되고 있다. 자동 생성된 하이라이트, 요약본, 짧은 클립 등으로 구성된 '마이크로콘텐츠'는 SNS · 메신저에서 빠르게 확산되며, 기존 미디어 소비 패턴을 송두리째 바꾸고 있다. 제작사는 이러한 유통 채널별 소비 특성을 반영해 '어디서, 어떤 형태로' 소비될 것인가를 고려한 전략을 수립해야 하며, 이를 위해 AI 기반 메타데이터 생성 · 분석 도구가 필수 요소로 자리 잡고 있다(Sinai, 2025). AI는 영상 속 인물, 사물, 감정 변화 등을 자동 태깅하고, 시청 이탈 위험 지점까지 예측해 최적의 클립 길이를 제안하는 등, 맞춤형 마케팅과 UX 설계에 기여하고 있다. 산업 전반의 변화 속에서 정책 · 윤리적 규범도 함께 발전해야 한다. AI 기술의 저작권 귀속 문제, 인공지능이 생성한 콘텐츠의 책임 주체, 데이터 편향성 해소 방안 등은 글로벌 차원뿐 아니라 국내에서도 활발히 논의되고 있으며, 과학기술정보통신부 주도로 운영되는 AI 규제 샌드박스와 기업 자율 규제 체계가 그 예다. 특히, 신뢰할 수 있는 AI 서비스 제공을 위해 '투명성 보고서' 제출을 의무화하고, 개발 단계에서부터 윤리적 · 법적 검증을 병행하는 제도가 도입되었다(Bryant, 2024). 실감 콘텐츠의 특성과 AI 융합 기술의 속도를 고려할 때, 법 · 제도는 기술 혁신을 과도하게 억제하지 않으면서도 최소한의 안전장치를 제공하는 균형 감각을 갖춰야 할 것이다. 이처럼 AI와 실감 콘텐츠의 결합은 산업 구조, 제작 프로세스, 소비 패턴, 그리고 규범적 환경까지 전방위적인 변화를 야기하고 있다. 이 책은 이러한 다차원적 혁신 과정을 종합적으로 조망하고, 실감 콘텐츠 산업 관계자들이 미래 전략을 수립하는 데 필요한 통찰과 실천 방안을 제시하고자 한다.

이 책의 구성

이 책은 실감 콘텐츠 산업의 현재와 미래를 통찰력 있게 조망하며, 인공지능이 실감 콘텐츠 생태계 전반에 어떻게 영향을 미치고 있는지를 심층적으로 분석한다. 단순히 기술 개념이나 도입 사례를 나열하는 데 그치지 않고, 실제 산업 현장에서 AI 기술이 어떤 방식으로 기획·제작·유통의 전 과정에 스며들고 있는지를 입체적으로 조명한다. 특히 실감 콘텐츠 분야에 특화된 사례를 중심으로, 콘텐츠 기획자, 창작자, 개발자, 마케터, 정책 입안자 등 다양한 실무자들이 각자의 위치에서 AI 기술을 어떻게 이해하고 활용할 수 있는지에 대해 실용적인 통찰을 제공한다.

AI 기술은 더 이상 미래의 가능성에 머무는 것이 아니라, 콘텐츠 산업의 운영 방식과 생태계 구조 자체를 변화시키는 실질적인 동력으로 작용하고 있다. 이 책은 그러한 변화의 양상과 구조를 단순히 기술적으로 설명하는 데 그치지 않고, 그 변화가 실감 콘텐츠라는 특수한 콘텐츠 유형 안에서 어떻게 실현되고 있는지를 정밀하게 분석한다. 예를 들어, 기존에는 수많은 인력과 예산이 투입되어야 했던 몰입형 콘텐츠 제작이 AI의 도움으로 훨씬 민첩하게 기획되고, 실시간으로 구현될 수 있는 시스템으로 진화하고 있음을 다양한 챕터에서 설명한다.

또한 이 책은 실감 콘텐츠 산업에 종사하는 이들이 AI라는 도구를 단순한 '자동화 수단'으로 받아들이는 데서 한 걸음 더 나아가, 그것을 창의적 파트너이자 전략적 인사이트 도출의 도구로 인식할 수 있도록 돕는다. 이를 위해 AI 기술의 원리와 역할을 이해하는 데 필요한 기초적인 이론 설명은 물론, 콘텐츠 생애주기(Lifecycle)별로 어떤 기술이 어떤 방식으로 적용되는지, 그리고 그것이 현장에서 어떤 문제를 해결하고 있는지를 구체적으로 제시한다. 아울러 콘텐츠 소비 환경의 변화와 플랫폼 전략, 사용자 맞춤형 인터페이스의 진화 등 산업 전반의 흐름 속에서 AI가 수행하는 거시적 역할 또한 함께 조망함으로써, 실감 콘텐츠 산업의 '현재'를 이해하고 '미래'를 준비하는 데 실질적인 방향성을 제공한다.

1장 '실감 콘텐츠 기술의 지형도'에서는 실감 콘텐츠를 구성하는 핵심 기술 요소들의 발전과 흐름을 정리하며, AI가 이 기술 생태계 안에서 어떤 역할을 수행하게 되었는지를 다룬다. 2장 'AI가 바꾸는 실감 콘텐츠 기획'

에서는 콘텐츠 기획 단계에서 AI가 흥행 분석, 트렌드 예측, 시나리오 구조화 등에 어떤 식으로 개입하고 있는지를 구체적으로 설명한다. 3장 'AI 인터페이스 혁신'에서는 AI가 사용자와 실감 콘텐츠 간의 상호작용 방식을 어떻게 변화시키고 있는지를 중심으로, 음성인식, 제스처 기반 인터페이스, 감정 인식 등의 기술을 통해 구현되는 새로운 사용자 경험을 소개한다. 4장 'AI 활용 콘텐츠 자산 생성 혁신'에서는 영상, 이미지, 사운드 등의 핵심 콘텐츠 자산을 AI가 자동으로 생성 · 복원 · 관리하는 방법을 살펴보며, 생성형 AI가 가져온 창작 환경의 대전환을 분석한다. 5장 'AI와 XR 콘텐츠 제작'에서는 확장현실(XR) 환경 속에서 AI가 수행하는 역할, 예를 들어 실시간 가상 환경 생성, 인터랙션 설계, 몰입형 콘텐츠 구성 방식의 변화를 중심으로 서술한다. 6장 'AI와 홀로그램 콘텐츠 제작'은 AI가 홀로그램 제작 과정에서 데이터 처리, 3D 모델링, 실시간 시각화에 어떻게 기여하는지를 설명하고, 실제 사례를 통해 기술적 진보를 확인한다. 7장 'AI와 실감 콘텐츠 디스플레이의 진화'에서는 디스플레이 기술의 변화, 예를 들어 공간적 몰입감과 입체감을 증대시키는 AI 기반 디스플레이 기술의 구현 원리를 중심으로 AI의 시각전달 혁신을 다룬다. 8장 'AI와 개인화된 사용자 경험의 변화'는 AI 알고리즘이 어떻게 사용자 데이터를 분석하고, 이에 기반해 개인 맞춤형 콘텐츠를 추천하거나 경험을 설계하는지를 OTT, VR, AR 등의 플랫폼을 사례로 구체적으로 분석한다. 9장 'AI와 실감 콘텐츠 규범 · 윤리'에서는 콘텐츠 제작과 유통에서 발생하는 알고리즘 편향, 딥페이크, 데이터 활용 문제 등 윤리적 쟁점들을 짚고, 이를 둘러싼 법적 · 사회적 과제를 다룬다. 마지막 10장 'AI 활용 실감 콘텐츠 산업의 미래 전략'에서는 창작자, 기업, 플랫폼이 AI 시대에 어떻게 대응하고 성장 전략을 수립할 수 있는지에 대해 기술, 윤리, 경제적 관점에서 종합적인 방향성을 제시한다.

이 책은 실감 콘텐츠 제작의 전 단계에 걸쳐 AI가 어떤 방식으로 개입하고, 창작과 소비의 방식을 어떻게 재정의하고 있는지를 다각도로 조망한다. 동시에 기술 발전 속에서 우리가 놓치기 쉬운 윤리적 통찰과 사회적 맥락을 함께 성찰하며, 창작자와 기획자가 AI 시대에 갖춰야 할 이해와 태도를 체계적으로 제시한다. 이 책은 변화하는 콘텐츠 환경 속에서 독자들이 창의성과 기술을 조화롭게 결합해 새로운 실감 콘텐츠의 미래를 준비하는 데 실질적인 길잡이가 되어줄 것이다.

참고문헌

김정호 외(2022). “포토그래메트리 및 인공지능 기술을 활용한 실감 콘텐츠 제작과 스토리텔링 방법 연구”. 《방송공학회 논문지》, 27(5), 654~664쪽.
https://www.kci.go.kr/kciportal/ci/sereArticleSearch/ciSereArtiView.kci?sereArticleSearchBean.artiId=ART002880219

박호열 외(2024.1). “AI 기술 기반 실감형 콘텐츠를 활용한 온/오프라인 체험공간 연계 솔루션”. 《한국HCI학회 학술대회 발표 논문집》, 1182~1183쪽.

이지은 외(2025.4.1). “생성형 AI 기반의 콘텐츠 제작 기술 동향과 안전성 이슈”. 《ETRI 기술동향 브리프》, 40(2), 30~39쪽.
https://ettrends.etri.re.kr/ettrends/213/0905213004/

BrandXR(2025.2.9). “How AI is enhancing immersive experiences”.
https://www.brandxr.io/how-ai-is-enhancing-immersive-experiences

Bryant, J.(2024.11.20). How AI Is Shaping Immersive Content In Animated Video Production. Forbes.
https://www.forbes.com/councils/forbesagencycouncil/2024/11/20/how-ai-is-shaping-immersive-content-in-animated-video-production/

Dou, X.(2025.3.25). Research on the Development of Immersive Communication Industry Driven by AIGC in Metaverse Scenarios. *2025 International conference on management, economic and sustainable social development(MESSD 2025).*
https://doi.org/10.1051/shsconf/202521302037

Sinai, O.(2025.4.7). How AI is making immersive experiences more powerful. Rock Paper Reality.

https://rockpaperreality.com/insights/extended-reality/how-ai-is-making-immersive-experiences-more-powerful/

Xu, Z.(2025.2). The Integration of Virtual Reality and Artificial Intelligence in Immersive Media Creation. *Journal of Innovation and Development, 10*(2), pp.30~34. https://www.researchgate.net/publication/389500204_The_Integration_of_Virtual_Reality_and_Artificial_Intelligence_in_Immersive_Media_Creation

01
실감 콘텐츠 기술의 지형도

VR 헤드셋을 쓰고 가상공간을 걷고, 홀로그램을 손끝으로 조작하며, 사용자 행동에 따라 영상이 실시간 반응하는 시대다. 이 책은 실감 콘텐츠 기술의 발전 과정을 개관하고, AI 기술의 등장이 실감 콘텐츠 생태계에 어떤 변화를 일으켰는지, 그리고 창작, 체험, 유통 방식에 어떤 전환이 일어나고 있는지를 다룬다.

AI와 1인 창업?

실감 콘텐츠의 정의 및 범주

실감 콘텐츠(Immersive Content)는 전통적 영상이 제공하는 제한적 시청 경험을 넘어 사용자의 시각, 청각, 촉각을 포함한 다중 감각을 동원하고, 심리적 · 정서적 몰입을 극대화하는 차세대 미디어를 총칭한다. 단지 화면을 바라보는 것을 넘어, 사용자의 물리적 움직임과 제스처, 음성 명령까지 콘텐츠에 실시간으로 반영해 '체험' 차원의 새로운 가치를 창출한다. 이 같은 실감형 미디어는 크게 두 가지 축으로 구분할 수 있는데, 하나는 착용형 디바이스 기반의 몰입 경험(예: VR, AR, MR, XR)이며, 다른 하나는 대형 디스플레이 환경에서 구현되는 인터랙티브 무드 설계(예: 디지털 사이니지, VFX, 인터랙티브 멀티미디어)다. 착용형 디바이스 경험은 HMD(Head-Mounted Display), 웨어러블 센서, 햅틱 피드백 슈트 등 사용자의 신체 움직임과 연동되는 기기를 통해 360° 전방위 시야와 공간감을 제공한다. 반면 대형 디스플레이 기반 환경에서는 극장형 LED 월, 건물 외벽 프로젝션 매핑, 인터랙티브 전시장 등에서 센서, 비콘 · Wi-Fi 측위, AR 마커 인식, 심도 카메라 등을 활용해 관객의 위치 · 행동을 감지하고, 그에 맞춘 콘텐츠를 즉각 반영함으로써 대규모 다중 사용자 몰입을 실현한다.

또한 프로젝션 매핑, 음향 · 진동 연동 기술을 결합한 인터랙티브 멀티미디어 설치물은 관객이 특정 영역에 진입하거나 터치했을 때 실시간으로 이미지가 변형되거나 음향 효과가 발생하도록 설계된다. 이러한 시스템은 미디어 아트 전시, 박물관 교육 콘텐츠, 스마트 시티 공공예술 프로젝트 등에서 활용되며, 단순 정보 전달을 넘어 '체험' 자체가 메시지가 되는 효과를 낳는다. 이처럼 실감 콘텐츠는 디바이스 형태나 구현 방식의 차이를 넘어, 사용자의 모든 감각과 환경 변수를 실시간 융합 · 처리해 '경험의 경계'를 허무는 것이 핵심이다. 앞으로 AI 기반 예측 엔진, 생체 신호 분석, 신경망 기반 감정 인식 기술이 더해지면, 개인의 심리 · 생리 반응까지 콘텐츠 흐름에 반영되는 '극한의 몰입' 단계로 발전할 전망이다.

VR · AR · MR · XR 기술 동향

최근 가상현실(VR) 기술은 헤드 마운트 디스플레이(HMD)의 해상도와 시야각이 동시에 비약적으로 발전하며 현실과 구분하기 어려운 몰입감을 제공하고 있다. 특히 삼성 리얼리티 랩의 오디세이 시리즈는 4K급 고해상도 패널과 120Hz 이상의 고주사율을 적용해 사용자의 시각 정보를 더욱 정확하게 재현하고, 시선 추적(Eye

Tracking) 기능으로 사용자가 주목하는 장면을 즉각적으로 렌더링해 잔상을 완전히 제거하는 수준에 도달했다. 동시에 촉각 피드백 슈트와 진동 모듈이 연동되어 시각 자극뿐 아니라 실제 물리적 상호작용을 통해 사용자의 손끝과 피부에 전해지는 미세한 진동까지 구현함으로써, 가상공간 속 물체를 실제로 만지는 듯한 경험을 가능하게 한다. 이러한 발전은 게임 산업뿐 아니라 의료 시뮬레이션, 군사 훈련, 원격 회의 등 다양한 분야에서 VR 활용도를 급격히 확장시키고 있다. 증강현실(AR)은 스마트폰이나 태블릿, 전용 글라스를 통해 현실 세계 위에 디지털 정보를 겹쳐 보여 주는 방식으로 발전 중이다. 사용자 친화적인 모바일 AR 플랫폼은 QR 코드 인식이나 위치 기반 서비스와 결합되어 박물관 전시 해설, 쇼핑몰 내 길 안내, 교육 콘텐츠 전달 등 다양한 분야에서 즉시 활용되고 있다. 네이버의 웨이브 AR은 SLAM(동시 위치 추정 및 지도 작성, Simultaneous Localization and Mapping) 알고리즘을 고도화해 GPS 신호가 닿지 않는 실내 환경에서도 안정적인 증강 콘텐츠를 제공하며, 실내 공간의 구조를 실시간으로 학습해 물체가 배치될 위치를 자연스럽게 계산한다는 점이 특징으로 꼽힌다. 이 기술을 활용해 최근 스마트 공장에서는 작업 기계 옆에

AR 안내 정보를 띄워 안전 수칙과 작업 지침을 시각적으로 제공하고, 교육 현장에서는 교재를 스캔하면 관련 영상과 인터랙티브 퀴즈를 바로 실행해 학생들의 참여도를 크게 높이고 있다. 혼합현실(MR)은 현실과 가상을 더욱 정교하게 융합하는 단계로, 외부 트래커 없이도 주변 환경을 실시간으로 스캔해 가상 오브젝트를 정확히 배치할 수 있는 독립형 디바이스가 핵심이다. 마이크로소프트 홀로렌즈 2(Microsoft HoloLens 2)는 내장 깊이 센서와 IMU(Inertial Measurement Unit, 관성 측정 장치)를 통해 사용자의 손동작과 음성 명령을 직관적으로 인식하며, 복잡한 산업용 설비 모의 훈련, 건축 시뮬레이션, 원격 협업 회의 등에서 실제 작업자와 가상 데이터를 결합한 혼합 환경을 제공하고 있다. 한국전자통신연구원(ETRI)에서는 홀로렌즈 2 플랫폼을 활용해 원격 의료 진단 보조 시스템을 개발, 의사가 환자에게 실시간으로 가상 영상 자료를 오버레이(overlay)해 수술 계획을 설명할 수 있도록 하는 연구를 발표하기도 했다. 확장현실(XR)은 VR · AR · MR의 경계를 허물어 사용자의 상황과 필요에 따라 경험 모드를 유연하게 전환할 수 있는 통합 개념이다. SK텔레콤의 점프 VR · AR 서비스는 한 플랫폼 내에서 전용 기기를 통해 완전 몰입형 VR 콘텐츠와 모바일 기기를 활용한 AR 경험을 모두 제공하며, 사용자가 장소와 디바이스에 구애받지 않고 실감형 콘텐츠를 소비할 수 있도록 설계되었다. 이러한 XR 환경은 5G 네트워크와 에지 컴퓨팅(Edge Computing)의 결합으로 대규모 사용자에게도 끊김 없는 체험을 보장하며, 실시간 멀티유저 협업, 공유 가상공간 구축, 원격 관람 같은 새로운 사회적 인터랙션을 가능하게 한다.

대형 디스플레이와 디지털 사이니지

대형 OLED · LED 월은 전시장, 공연장, 상업 공간 등에서 시각적 임팩트를 극대화하는 핵심 장치로 자리 잡았다. 단순한 영상 재생을 넘어, 모듈형 LED 패널의 자유로운 설치와 곡면형 디스플레이 기술을 활용해 공간 자체를 하나의 거대한 스크린으로 전환한다. 예술 전시회에서는 초고해상도 OLED 월 위에 작품을 투사함으로써 관람객이 화면 속 장면을 실제 현장에 있는 것처럼 느끼도록 유도한다. 공연장 무대에서는 가변형 LED 스크린이 무대 디자인 변경을 간편하게 하고, 라이브 영상과 CGI 합성을 실시간으로 연동해 전례 없는 무대 연출을 가능케 한다. 소매 · 유통업계에서는 매장 내 대형 디스플레이가 고객 유입과 체류 시간을 늘리는 전략적 요소로 주목받고 있다. 현대백화점 무역센터점의 디지털 사이니지 월은 매장 맞은편에 설치된 센서와 비콘 구축으로 방문객의 이동 경로와 체류 패턴을 분석하고, 이를 기반으로 계절 및 시간대별 프로모션 영상과 맞춤형 광고를 송출한다. 이 시스템은 평균 체류 시간을 이상 증가시키고 구매 전환율을 높였다는 내부 보고서를 발표했다. 또한 대형 디스플레이는 사람의 움직임에 반응하는 인터랙티브 콘텐츠와 결합되어, 사용자가 화면 앞에서 특정 제스처를 수행하면 즉각적으로 정보가 나타나거나 변화하는 몰입형 경험을 제공한다. 공공장소인 공항 · 철도역 · 버스터미널 등 대기 공간에서도 디지털 사이니지는 역할을 확대하고 있다. 이른바 '스마트 사이니지'는 승객의 스마트폰 Wi-Fi · 블루투스 신호를 수집해 평균 대기 시간을 측정하고, 혼잡도가 높은 구역을 실시간으로 파악해 광고주에게 데이터를 제공한다. 또한, 출발 · 도착 정보, 환승 안내, 날씨 · 뉴스 등을 한 화면에서 통합적으로 제공해 여객 편의성을 높이고, 지역 이벤트 · 관광지 홍보를 결합한 콘텐츠를 통해 지역 경제 활성화를 지원한다. 건축 외관 프로젝션 매핑도 디지털 사이니지의 한 갈래로, 도심의 랜드마크 건물에 대형 영상을 투사해 도시 야경을 예술 작품으로 변모시킨다. 특히, 인공지능 기반 콘텐츠 제작 솔루션을 활용하면 건축물의 외벽 구조와 재질을 자동 분석해 왜곡 없는 최적의 투사 영상을 생성하며, 특정 시간대나 기념일에는 테마에 맞춘 동적 영상과 실시간 소셜 미디어 피드를 연계해 시민 참여형 이벤트를 연출할 수 있다. 대형 디스플레이 기반 실감 콘텐츠의 기획과 운영을 위해서는 콘텐츠 관리 시스템(CMS, Content Management System)을 통한 클라우드 관리와 스케줄링이 필수적이다. 기업은 CMS를 통해 다수의 디스플레이 네트워크를 원격으로 모니터링하고, 콘텐츠 라이브러리에서 실시간으로 영상을 업데이트한다. AI 분석 모듈은 재생 데이터와 사용자 반응 데이터를 통합해 어떤 콘텐츠가 가장 높은 주목도를 끌었는지 보고서를 생성하며, 이후 기획 단계에서 성과를 반영할 수 있도록 지원한다. 대형 디스플레이와 디지털 사이니지는 앞으로 8K 해상도, 고프레임 비디오, HDR(High Dynamic Range) 구현 영역이 더욱 확대될 전망이다. 여기에 에지 AI와 IoT 센서가 결합하면, 빌딩 내부 조도·소음·공기 질 데이터를 기반으로 콘텐츠를 자동 최적화해 실시간으로 사용자에게 최적의 시각·청각 경험을 제공하는 '스마트 콘텐츠 공간'으로 진화할 것이다.

VFX 및 몰입형 그래픽스

VFX(Visual Effects) 기술은 GPU 연산 성능의 비약적 향상과 Unreal Engine, Unity 같은 실시간 렌더링 엔진의 진화로 인해 대형 스크린에서도 즉각적인 합성과 디테일한 그래픽 표현이 가능해졌다. 최근에는 레이트레이싱 가속 하드웨어를 통한 광원 반사 · 굴절 효과와, 머신러닝(ML) 기반 노이즈 제거 기술(Denoising)을 결합해, 실시간 렌더링임에도 불구하고 최종 렌더 수준의 화질을 제공하는 워크플로가 구축되고 있다. 언리얼 엔진 5의 Lumen 시스템은 글로벌 일루미네이션을 동적으로 계산해 조명 변화가 즉시 반영되고, Nanite 기술은 수십억 개의 폴리곤을 로드 없이 처리해 대규모 디테일 모델을 최적화한다. Unity의 HDRP(High Definition Render Pipeline)는 복잡한 셰이더 이펙트와 HDR 기반 색 표현을 지원해, 대형 디스플레이에서 실감나는 영상미를 구현한다. 또한 덱스터 스튜디오의 자체 개발 렌더러는 국내 대규모 프로젝트에 맞춰 튜닝되어, 대형 LED 월용 콘텐츠를 GPU 클러스터를 통해 분산 렌더링하는 방식을 적용했다. 필자의 경우, CJ ENM이 2022년 도입한 400㎡ 규모의 LED 월 기반 가상 프로덕션 스튜디오가 있다. 이 스튜디오는 실제 카메라 트래킹 데이터를 실시간으로 합성해 배우가 현장에서 곧바로 최종 영상을 확인할 수 있도록 지원했으며, 종전 크로마키 촬영 방식 대비 세트 제작비용을 절감하고 후반 작업 시간을 단축했다. 방송 분야에서도 실시간 VFX 기술이 확산되고 있다. KBS 기상 센터는 대형 LED 디스플레이에 3D 기상 모델링과 실시간 기상 데이터를 결합해 인터랙티브 날씨 맵을 운용하고 있으며, 시청자의 개별 키워드 검색에 따라 화면이 반응하는 개인화 기능까지 도입했다. 이를 통해 방송 제작 주기를 단축했다. 테마파크와 전시 공간에서도 인터랙티브 VFX는 중요한 역할을 한다. 롯데월드 어드벤처 '매직 호라이즌' 어트랙션에서는 관객의 움직임을 센서가 감지해 파티클 이펙트와 음향 · 조명 효과를 동기화하며, 부산 '영화의전당' 야외 스크린에서는 드론으로 촬영한 실시간 도시 전경을 8K 해상도로 스트리밍해, 시민 참여형 영상 이벤트를 개최했다. 이처럼 VFX 및 몰입형 그래픽스는 대형 디스플레이 환경에서 제작 효율성과 경험의 몰입감을 모두 끌어올리는 핵심 요소로 자리 잡았으며, 향후 클라우드 기반 GPU 서비스와 에지 렌더링, AI 기반 자동 색 보정 · 효과 적용 기술이 더해져 더욱 확장된 실감 콘텐츠 생태계를 이끌어 갈 것이다.

네트워크 인프라와 클라우드 컴퓨팅

5G와 Wi-Fi 6E는 초저지연 · 고대역폭 네트워크의 양대 축으로, 대용량 실감 콘텐츠 스트리밍과 실시간 상호작용의 필수 기반이 되고 있다. 5G NR(New Radio) 기술은 3.5GHz, 28GHz 대역에서 최대 10Gbps의 다운로드 속도를 구현하며, 단말과 네트워크 간 왕복 지연(RTT, Round Trip Time)을 1~5ms 수준으로 줄여 준다. 이러한 특성 덕분에 수백만 이상의 동시 접속자가 4K · 8K 영상, 360° 라이브 스트림, 실시간 멀티플레이어 XR 게임 등을 끊김 없이 즐길 수 있다. 한편, Wi-Fi 6E는 6GHz 대역 추가로 최대 3.6Gbps의 전송 속도를 제공하며, OFDMA · TWT(Time Wake Time) 기술을 통해 다수 기기가 네트워크를 분할 공유하더라도 안정적인 연결 품질을 유지한다. 특히 스마트 팩토리, 대형 공연장, 컨벤션 센터 등 복합 환경에서 수천 개의 센서 · 단말이 실시간 데이터를 주고받아야 하는 실감형 서비스에 최적화되어 있다. 네트워크 단독으로는 대규모 실감 콘텐츠의 완전한 지원이 어려워, 에지 컴퓨팅과 MEC(Multi-access Edge Computing)이 결합된 아키텍처가 도입되고 있다. SK텔레콤의 5G MEC 서비스는 중앙 클라우드가 아닌 사용자 단말에서 가까운 기지국 · 에지 서버에서

콘텐츠를 처리해, 최종 사용자 측에서의 레이턴시(latency, 지연 시간)를 10ms 이하로 유지한다. 이를 통해 원격 의료 수술 로봇 제어, 클라우드 VR · AR 협업, 물류 · 제조 현장의 AR 가이드 등 초실감형 애플리케이션이 가능해졌다. 클라우드 게임 스트리밍은 대표적인 실감 콘텐츠 서비스로, 엔비디아 RTX 기반 가상 GPU 서버가 제공하는 하드웨어 가속 기능을 활용해 4K 해상도에 60FPS 이상의 프레임으로 게임을 렌더링한다. KT의 GiGA Live TV UHD 스트리밍 플랫폼은 VDI(Virtual Desktop Infrastructure) 기술을 접목해, 사용자 디바이스의 사양과 관계없이 동일한 고해상도 XR 콘텐츠를 재생할 수 있도록 지원한다. 이 과정에서 CDN(Content Delivery Network) 노드를 적절히 분산 배치해, 지역별 사용자에게 가장 가까운 서버에서 빠르게 스트림을 전달한다. 또한, 하이브리드 클라우드 아키텍처가 확산되면서, 기업은 퍼블릭 클라우드의 유연성과 프라이빗 클라우드의 보안성을 동시에 활용한다. AWS, Azure, GCP 같은 글로벌 클라우드 서비스 제공 업체는 국내 리전을 통해 멀티리전 · 멀티 AZ(Availability Zone, 가용 영역) 기반 인프라를 구축해, 재해 복구와 데이터 주권을 보장한다. 여기에 MSA(Microservices Architecture)와 컨테이너 · 쿠버네티스(Container, Kubernetes)를 결합해, 실감형 애플리케이션의 확장성 · 무중단 배포를 지원한다. 이처럼 차세대 네트워크와 클라우드 · 에지 컴퓨팅의 융합은 실감 콘텐츠의 생성 · 제작 · 전송 · 소비 전 과정을 지근거리에서 지원하며, 향후 6G, 테라헤르츠 대역, 위성인터넷(Low Earth Orbit) 기술이 더해지면, 인간의 오감 정보를 동기화하는 완전 몰입형 메타버스 경험이 가능해질 것이다.

실감 콘텐츠의 미래 전망과 기술 융합

AI 기반 자동 최적화 시스템은 실감 콘텐츠 제작의 전 과정을 실시간으로 모니터링하며, 시청자 반응 데이터를 기반으로 비트레이트(Bitrate), 해상도, 프레임 레이트(Frame Rate) 등을 자동으로 조정해 최상의 사용자 경험을 제공한다. 예를 들어, 국내 스타트업 유니루민(Unilumin)은 AI 모듈을 통해 대형 LED 월 콘텐츠의 색상과 명암을 공간 조도 및 관객 시선 분포에 따라 5초 이내에 최적화하는 기술을 개발했다. 또한 AI를 활용한 메타휴먼 콘텐츠 플랫폼은 기존 가상 캐릭터 제작 방식을 혁신하고 있다. AI는 얼굴 표정, 음성 합성, 감정 인식 모델을 통합하여 실제 배우와 구분이 어려운 디지털 휴먼을 생성하며, 이는 방송, 마케팅, 교육 등 다양한 분야에 활용되고 있다. 네이버 클로바 AI 팀이 선보인 '클로바 린' 메타휴먼은 물리적 스튜디오 없이도 24시간 라이브 진행이 가능한 가상 호스트로, 제작 비용 절감과 운영 효율을 동시에 실현한 사례다. 한편, 휴대형 홀로그램 디바이스의 상용화도 임박했다. 카세트 크기의 미니 프로젝터에 내장된 AI 칩은 스마트폰과 무선 연동되어 3D 모델링, 포즈 추정, 실시간 트래킹을 수행한다. 스타트업 루닛(Lunit)이 개발 중인 휴대용 홀로그램 프로젝터는 손바닥 위에 고정밀 텍스트, 이미지, 입체 영상을 투사하며, 공간 제약 없이 혼합현실 콘텐츠를 체험할 수 있게 한다. 이 기기는 이벤트, 원격 협업, 의료 교육용 시연 등에서 즉시 활용이 가능하다. 더불어, 햅틱 슈트와 모션 캡처 글러브 같은 센서 융합형 웨어러블 기기는 엔터테인먼트뿐 아니라 의료·재활 치료 분야에서도 주목받고 있다. 이러한 기기들은 근전도(EMG) 센서와 압력 모듈을 통해 사용자의 움직임을 정밀하게 분석하고, 가상 공간에서의 저항 및 촉각을 실제처럼 재현함으로써 물리 치료 효과를 극대화하며, 실제 임상에서도 재활 시간 단축에 기여한 사례가 보고되고 있다. 이처럼 AI와 실감 기술의 융합은 단순한 콘텐츠 소비 단계를 넘어, 콘텐츠의 제작부터 유통, 체험까지 전 과정을 유기적으로 연결하는 미래형 생태계를 구축하고 있다.

참고문헌

박승창 · 김진이(2021.3). "스마트 팩토리용 최근 VR/AR/MR/XR 기술의 연구개발 방향". 《한국정보처리학회지》, 28(1), 48~57쪽. https://kiss.kstudy.com/Detail/Ar?key=3880874

박주현 · 한정엽(2021). "실감 콘텐츠의 체험적 특성 요소에 관한 연구 - HMD와 3면 Virtual Reality Surround Screen Projection System을 중심으로". 《한국공간디자인학회 논문집》, 16(8), 293~302쪽.
https://www.kci.go.kr/kciportal/ci/sereArticleSearch/ciSereArtiView.kci?sereArticleSearchBean.artiId=ART002791472

박형일 외(2016). "초고해상도 멀티 디지털 사이니지 영상 동기화 기술의 설계와 구현". 《한국방송공학회논문지》, 21(5), 651~658쪽.
https://www.kci.go.kr/kciportal/ci/sereArticleSearch/ciSereArtiView.kci?sereArticleSearchBean.artiId=ART002147967

유정재 외(2025). "생성형 AI 기반의 콘텐츠 제작 기술 동향과 안전성 이슈". 《전자통신동향분석》, 40(2), 30~39쪽.
https://ettrends.etri.re.kr/ettrends/213/0905213004/

이완중 외(2021). "상호작용 기반의 홀로그램 실감 콘텐츠 서비스 연구". 《한국정보처리학회논문지》, 10(10), 429~438쪽.
https://scienceon.kisti.re.kr/srch/selectPORSrchArticle.do?cn=JAKO202130865159554&dbt=NART

02
AI가 바꾸는 실감 콘텐츠 기획

AI가 기획부터 제작, 배포에 이르기까지 실감 콘텐츠 제작 전반을 자동화 · 지능화하며, 창작자 중심의 환경을 재구성하는 시대다. 이 책은 AI 기반 기획의 작동 방식과 몰입형 콘텐츠 제작에 미치는 영향을 구체적으로 살펴보고, 데이터 기반 개인화 경험, 자동화된 자산 관리, 인터랙티브 시나리오 설계 등 AI 도구가 창작 생태계에 가져온 실제 변화를 다양한 사례를 통해 조명한다.

AI와 MBTI?

AI 기반 창작 프로세스 혁신

AI 기반 창작 프로세스 혁신은 기획 단계에서부터 후반 작업에 이르기까지 콘텐츠 제작 전반을 재정의한다. 전통적으로 사람의 손으로 수행해야 했던 아이데이션과 스토리보드 작성, 자산 관리, 품질 검수 등의 수작업이 고도로 자동화되어 제작 팀의 부담을 획기적으로 줄이고, 창작자들은 보다 창의적인 의사결정에 집중할 수 있게 된다. 이 장에서는 AI가 어떻게 실감 콘텐츠 기획 단계의 속도와 정확도를 높이며, 운영 효율성을 대폭 개선하는지 세부적으로 살펴본다.

AI는 방대한 내부 · 외부 데이터베이스를 대상으로 트렌드 분석, 시장 반응 예측, 유사 콘텐츠 성공 요인 추출 등을 수행해 실감형 영상 매체 기획에 필요한 키워드와 콘셉트를 자동 도출한다. 예를 들어, 자연어 처리 기반 플랫폼은 소셜 미디어, 리뷰 포털, 뉴스 기사에서 수집된 텍스트를 분석해 관객 관심사와 감정 요소를 추출하고, 이 결과를 기획자에게 '상품 리뷰 기반 휴머노이드 감성 시나리오'나 '실시간 인터랙티브 참여형 다큐멘터리' 같은 형태로 제안한다. 기획자는 제안된 키워드를 바탕으로 콘셉트를 선택하거나 세부 조합을 추가 입력해, AI가 자동으로 생성한 초안 스토리보드 레이아웃을 확인할 수 있다. 초안 스토리보드 레이아웃은 장면별 카메라 앵글, 컷 길이, 전환 효과를 포함하며, 기획 키워드와 난이도를 분석해 우선순위별로 순차 배치된다. 사용자는 텍스트 프롬프트를 통해 "공포 요소 강화"나 "감성적 배경음악 삽입" 같은 세부 명령을 내릴 수 있고, AI는 이러한 지시를 즉시 반영해 새로운 버전을 자동 업데이트한다. 이로 인해 아이데이션부터 기획 초고 완성까지 걸리는 시간이 기존 평균 23주에서 23일로 단축되는 효과를 보이고 있다.

실감 콘텐츠 제작에는 수백에서 수천 개에 이르는 비주얼 · 사운드 · 3D 자산이 필요하다. AI 기반 자산 관리 시스템은 메타데이터 자동 분류 · 태깅 기능을 통해 파일 저장 시점부터 '장면 카테고리', '감정 어노테이션', '컬러 스펙트럼', '타임코드' 등을 자동으로 생성해 중앙 라이브러리에 정리한다. 기획자와 편집자는 키워드 검색만으로도 특정 신(scene)에 적합한 자산을 손쉽게 찾아 프로젝트에 활용할 수 있다. 자산 검수(quality check) 단계에서는 AI가 해상도, 프레임 일관성, 컬러 그레이딩, 오디오 레벨, 자막 싱크 등을 자동 분석해 오류와 불일치 항목을 리포팅한다. 검수 완료 후에는 협업 플랫폼(예: 클라우드 기반 DAM, MAM 등)과 실시간 동기화되어, 팀원 전체가 동일 버전의 콘텐츠를 바로 확인하고 피드백을 남길 수 있다. 자동 배포 파이프라인은 승인된 최종본을 대상 디바이스(LED 월, VR 앱, 웹 플랫폼 등)에 맞는 포맷과 코덱으로 인코딩·압축해, 스케줄러에 따라 지정된 날짜·시간에 자동 업로드 및 배포까지 수행한다. 이처럼 AI 도구를 활용하면 단순 반복 업무에 소요되는 인적 리소스를 절감하고, 제작 일정 지연 리스크를 감소시킨다. 창작자는 보다 전략적인 크리에이티브 작업에 집중할 수 있으며, 프로젝트 완료 시점은 평균 대비 빠르게 앞당길 수 있다.

AI로 구현하는 맞춤형 몰입 경험

맞춤형 몰입 경험은 단순히 시청을 넘어 사용자가 '나만의 이야기'를 체험하도록 콘텐츠를 설계하는 고도화된 과정이다. 이를 위해 AI는 개별 참여자의 니즈와 감정, 행동 패턴을 면밀히 분석해 그에 최적화된 스토리라인과 인터랙티브 요소를 제공한다. 우선, AI는 관객의 시청 기록, 클릭·터치 히트맵, 감정 분석용 카메라 피드백, 생체 데이터(심박수·뇌파·표정 인식), 소셜 미디어 언급 등 다양한 소스에서 대규모 데이터를 수집한다. 이 데이터를 머신 러닝 모델에 적용해 잠재 페르소나를 자동 분류하고, 개인별 선호 장르 · 감정 반응 특성 · 집중 지속 시간 같은 지표를 추출한다. 이 과정에서 신경망 기반 클러스터링 알고리즘은 미세한 차이를 포착해 '스릴을 원하지만 공포에 취약한 집단', '감성 멜로와 배경 음악에 높은 몰입도를 보이는 집단'처럼 다층적 페르소나를 생성한다.

이렇게 정의된 페르소나는 스토리 분기점마다 동적 전개 경로를 결정하는 데 사용된다. 예를 들어, 사용자의 심박수와 표정 점수 변화가 특정 장면에서 동시 상승하면, AI는 해당 장면의 테마를 강화하는 추가 콘텐츠(비주얼 이펙트 · 음향 효과)를 즉시 삽입한다. 이후 다음 선택지에서 AI는 이전 반응을 반영해 대사 · 캐릭터 행동 · 환경 요소를 재구성하며 참여자의 피로도와 몰입도를 종합 고려한 최적 경로를 제안한다. 이처럼 실시간 피드백 루프를 통해 전개되는 동적 스토리텔링은 고정형 내러티브 대비 높은 몰입도를 기록하며, 사용자 만족도와 재방문 의사를 크게 높인다.

대화형 인터랙티브 시나리오는 자연어 처리와 신경언어 생성(NLG) 기술의 결합으로 더욱 풍부해진다. AI 챗봇 엔진은 사용자의 음성 · 텍스트 입력을 음성인식 엔진과 NLU 모듈로 처리해 질문 의도를 파악하고, 내부

지식 그래프와 시나리오 매트릭스를 참조해 답변을 구성한다. 예컨대, 역사 VR 시뮬레이션에서 사용자가 전투 전략에 대해 묻거나 캐릭터 심리에 대해 탐색할 경우, AI는 당시 역사 기록과 캐릭터 백스토리 데이터를 결합해 문맥에 맞는 상세 설명을 제공한다. 동시에, 사용자의 관심사에 기반해 추가 다큐멘터리 영상 링크, 3D 전장 재현 모듈, 가상 인터랙티브 지도 등을 추천함으로써 학습과 체험을 유기적으로 연결한다. 이러한 구조는 교육 · 관광 · 헬스케어 등 다양한 레퍼런스에 폭넓게 활용되며, 실제 사용자는 "내 질문을 이해하고, 기대 이상의 정보를 제공한다"는 긍정적 피드백을 남긴다.

실시간 프로토타이핑과 사용자 테스트는 AI 기획의 핵심 무기다. AI 가속 프로토타이핑 툴은 수정 사항을 입력하면 즉시 인터랙티브 데모를 생성해, 스토리 분기 · UI 애니메이션 · 사운드 큐가 반영된 미리보기를 제공한다. 여기에 자동화된 테스트 스크립트가 작동해 사용자 행동을 시뮬레이션하고, 반응 시간 · 클릭 경로 · 이탈 지점 같은 키 지표를 실시간으로 수집한다. A/B 테스트 기능은 둘 이상의 버전을 동시 배포해, '메뉴 위치 조정 vs 다이얼로그 스타일 변경' 같은 요소별 퍼포먼스 차이를 통계적으로 분석한다. 이 결과는 AI 대시보드에 시각화

돼 히트맵(heatmap), 퍼널(funnel) 분석, 감정 워드 클라우드 형태로 제공되며, 기획자는 이를 바탕으로 수 시간 내 개선안을 확정·적용할 수 있다. 기존 평균 2주 소요되던 검증 프로세스가 48시간 이내로 단축되며, 시장 반응에 더욱 민첩하게 대응할 수 있게 된다.

맞춤형 몰입 경험 구현에는 프라이버시와 윤리적 설계도 필수적이다. AI는 민감 정보 처리를 위해 데이터 익명화·암호화 기술을 활용하고, 옵트인(opt-in) 기반 동의를 받아 사용자의 동의 범위 내에서만 생체 데이터를 분석한다. 또한, 편향된 추천을 방지하기 위해 정기적인 알고리즘 감사를 실시하고, 설명 가능한 AI(XAI) 기법을 도입해 어떤 요인이 분기 결정에 활용되었는지 투명하게 제공한다. 이렇게 기술적·윤리적 기준을 갖추면, 브랜드 신뢰도와 사용자 만족도를 동시에 확보하며 장기적 사용자 관계를 유지할 수 있다.

AI 기획 사례와 전략적 시사점

국내 주요 미디어 아트 전시에서는 AI 큐레이터가 방문객의 시선 흐름과 체류 패턴을 실시간으로 분석해 개인별 맞춤형 작품 해설과 다음 동선 추천을 자동으로 제공함으로써 관람객의 몰입과 만족도를 크게 향상시켰다.

이 기술은 전시 공간 내에 설치된 센서와 카메라를 통해 수집된 움직임, 체류 시간, 시선 집중 영역 등의 데이터를 클라우드 AI 플랫폼에 전송해, 각 관람객에게 최적화된 전시 경험을 실시간으로 설계한다. 체험 후 설문 조사에서는 AI 큐레이션이 제공하는 개인화 해설이 관람객에게 더 깊은 이해와 감동을 제공했으며, 전시 참여율이 전년 대비 증가했고, 재방문율 또한 상승했다. 또한 AI 로그 데이터를 분석한 결과, 전시 기획자들은 기존에는 발견하기 어려웠던 관람객의 관심 변화 타이밍과 동선 패턴을 파악해, 공간 재배치와 작품 순서 최적화를 손쉽게 수행할 수 있었다.

XR 테마파크 프로젝트에서는 기획 초기 단계부터 AI 기반 스토리보드 자동화 시스템을 도입해 프로젝트 전반의 일정과 비용 측면에서 혁신을 이뤘다. 과거에는 시나리오 콘셉트 도출, 콘텐츠 플로 설계, 세부 연출 요소 작업에 평균 6개월 이상의 시간이 소요되었지만, AI는 기존 테마파크 운영 데이터와 관람객 로그, 시장 트렌드를 분석해 핵심 스토리 요소와 감정 전개 흐름을 자동 추출하고, 이를 바탕으로 세부 스토리보드 프레임을 2개월 내에 완성했다. 기획 안정성이 높아지면서 중간 피드백 회의 수가 절반으로 줄어들었고, 예산 시뮬레이션 결과

프로젝트 총비용은 절감되었다. 이로 인해 팀은 보다 높은 예산 효율성을 기반으로 창의적인 연출 요소와 새로운 인터랙티브 기능 개발에 자원을 재배분할 수 있었다.

이들 사례는 AI 기획 도구가 단순히 업무 효율을 넘어서 관객 경험의 질적 혁신과 비용 효율성 확보를 동시에 달성할 수 있음을 명확히 보여 준다. AI는 대규모 데이터 분석을 통해 관객 행동과 선호를 심층 이해함으로써, 세밀한 맞춤형 경험을 구현하며, 동시에 빠른 의사결정과 예산 관리 체계를 지원한다. 이러한 데이터 기반 기획 프로세스는 기획자, 디자이너, 개발자 간 협업을 원활하게 하고, 반복적인 수작업을 최소화해 창작자들이 본연의 창의력 발휘에 집중할 수 있는 환경을 조성한다.

AI 기반 기획 전략은 앞으로 더욱 진화할 것이다. 차세대 생체 신호 측정 기기와 뇌파 인식 기술을 접목해 사용자의 몰입도와 감정 상태를 정밀하게 수치화하고, 이에 기반한 실시간 콘텐츠 제어가 가능해질 전망이다. 또한 메타휴먼 기반 가상 캐스터는 단순한 텍스트 기반 내레이션을 넘어, 관객의 반응과 맥락을 이해한 개별화된 음성 · 표정 · 제스처를 통해 더욱 자연스럽고 몰입감 있는 진행을 보조할 수 있을 것이다. 이러한 기술적 진화는 VR · AR · XR 등의 실감 플랫폼 전반에 걸쳐 응용되어,

기존의 수동적 관람 경험을 넘는 능동적 · 참여형 콘텐츠 생태계를 구축할 것이다.

이러한 변화에 대응하기 위해 제작사는 AI 기획 전담 조직을 구성하고, 데이터 윤리, 저작권, 프라이버시 보호에 관한 명확한 가이드라인을 수립해야 한다. 내부적으로는 AI 도구 사용에 대한 교육과 워크숍을 정기적으로 개최해 기술 이해도를 높이고, 외부 전문가 및 연구기관과 협업해 최신 연구 결과와 산업 사례를 지속적으로 공유해야 한다. 조직 문화 차원에서는 데이터 중심 의사결정을 기반으로 한 민첩하고 유연한 프로젝트 관리를 도입하고, 실패 사례를 빠르게 학습해 개선하는 애자일(Agile) 방식을 적용함으로써, AI 기획의 잠재력을 최대한 발휘할 수 있는 환경을 구축해야 한다.

참고문헌

금보령(2024.1.18). "'드론 · 3D프린터' 中企 핵심부품 국산화 추진". 《아시아경제》. https://www.asiae.co.kr/article/2024011810055257460

03

AI 인터페이스 혁신

AI를 활용해 사용자의 손짓, 표정 등 미세한 상호작용을 감지하고 분석해 더욱 자연스럽고 직관적인 인터페이스 경험을 제공할 수 있다. 다양한 입력 방식의 발전과 AI 기반 인터페이스 기술로 변화된 사용자 경험을 알아본다.

AI와 난임 극복?

인터페이스의 진화와 AI의 등장

18세기 산업혁명 이후, 기계가 등장하면서부터 사람과 기계 간의 소통 방식은 시대에 따라 끊임없이 변화해 왔다. 과거 사진 촬영에서는 삼각대에 카메라를 설치하고 타이머를 설정해 촬영 버튼을 누른 뒤, 정해진 시간 안에 포즈를 취하는 방식이 일반적이었다. 그러나 오늘날에는 스마트폰이나 디지털 카메라에서 손바닥을 펼치거나 특정 제스처를 인식시키는 방식으로 간편하게 사진을 촬영할 수 있게 되었다. 이를 인터페이스의 변화라 말한다.

인간-기계 인터페이스(HMI, Human-Machine Interface)는 인간과 기계 간 원활한 연결 및 상호작용하는 장치를 의미한다. 전통적인 인간-기계 인터페이스는 명령 기반의 입력 체계를 중심으로 발전해왔다. 키보드, 마우스, 터치스크린, 그리고 초기 음성 인식 기술 등은 사용자가 명확한 명령어를 전달하고, 시스템이 이를 단순 수행하는 구조를 형성했다. 특히 1960년대 더글라스 엥겔바트(Douglas Engelbart)에 의해 개발된 마우스는 사용자와 컴퓨터의 상호작용 방식을 혁신적으로 변화시킨 대표적 발명품이다. 당시 '인간의 생각과 명령이 마치 컴퓨터에 말하듯 적용될 수는 없을까'하는 고민 끝에 발명된 물건이었다(정지훈, 2014). 마우스는 사용자가 디지털 화면 위에서 포인터를 자유롭게 이동시키고, 클릭을 통해 명령을 입력할 수 있도록 해, 초기 명령어 기반 시스템의 접근성을 획기적으로 향상시켰다. 하지만, 상호작용을 위해서는 '마우스'라는 물리적 장치가 필요했다. 이후 우리는 또 한 번의 혁신을 맞이하게 되었다. 터치스크린 기술의 등장이다. 사용자는 별도의 물리적 장치 없이 손가락 터치만으로 직접 디지털 오브젝트를 조작할 수 있게 되었고, 이는 스마트폰과 태블릿 시대를 여는 기반이 되었다. 하지만, 이러한 인터페이스는 '명령 → 수행'이라는 일방향적인 구조에 머물러 있었다. 사용자의 감정이나 의도, 상황적 맥락 등을 시스템이 해석하지 못하는 제한적이고 기계적인 수준에 머물러 있었다.

하지만, AI 기술과 고도화된 센서 기술의 융합은 이 같은 전통적 패러다임을 근본적으로 전환시켰다. 현대 인터페이스는 단순 명령 수행을 넘어, 사용자의 감정, 의도, 그리고 상황적 맥락까지 포괄적으로 해석하고 반응하는 다층적 시스템으로 진화하고 있다. 특히 VR, AR, XR 기반 실감 콘텐츠 환경에서는 이러한 변화가 몰입감, 사용자 경험(UX), 감성적 상호작용에 결정적 영향을 미치고 있으며, 인간과 디지털 세계 간의 경계를 허물고 있다. 상호작용 모델은 '명령-수행'을 넘어 '이해-공감-상호작용'으로 확장되고 있다.

AI가 만들어 내는 인터페이스의 변화

초기 VR/AR 같은 실감형 콘텐츠는 주로 360도 영상 기술이나 공간 인식을 통해 실제처럼 보이는 가상 환경을 구현하는 데 초점을 맞췄다. 이는 사용자가 단순히 가상 세계를 관찰하는 수준 정도의 경험을 가능하게 했다. 그러나 기술이 발전함에 따라, 단순한 시각적 몰입을 넘어 사용자가 가상공간 및 가상 오브젝트와 능동적으로 상호작용할 수 있는 환경을 구축하는 방향으로 진화했다.

이러한 상호작용을 구현하기 위하여 복수의 하드웨어 장치들이 필수적으로 요구되었다. 대표적 장치인 컨트롤러는 사용자의 입력을 수집하는 주요 수단이었고, 공간 인식 및 위치 추적을 위해서는 LiDAR 센서, ToF(Time-of-Flight) 카메라 등이 필요했다. 특히, VR 시스템은 HMD(Head Mounted Display)의 위치와 자세를 정밀하게 트래킹하기 위해 별도의 외부 센서 설치를 필요로 했으며, 이는 시스템의 복잡성과 구축비용을 크게 증가시키는 요인이 되었다. 이로 인해 많은 사람들의 인식 속에 VR/AR/XR 시스템은 설치가 번거롭고, 비용이 높으며, 사용자 접근성이 어렵다고 자리 잡고 있었다.

하지만 이는 AI 기술의 도입으로 구조적 한계를 해결하고 있다. 딥 러닝 기반 인식 기술의 발전으로 인해, 단지 몇 개의 RGB 카메라만을 이용해 손동작, 표정, 시선 방향, 공간 정보 등을 정밀하게 추출할 수 있게 되었다. 더 이상 복잡한 외부 센서나 다수의 하드웨어 장치에 의존할 필요 없이 소형화된 디바이스 하나만으로 고도화된 상호작용 경험을 제공할 수 있는 시대가 열리고 있는 것이다.

또한, AI는 단순히 데이터를 추출하는 데 그치지 않고, 학습된 데이터 기반으로 사용자의 행동과 의도를 해석하는 능력까지 보유하게 되었다. 손짓이나 시선의 방향뿐만 아니라, 사용자의 맥락적 의도를 이해하고 예측해 보다 자연스럽고 몰입도 높은 인터페이스를 제공할 수 있게 되었다. 이러한 발전은 VR/AR/XR 디바이스의 경량화와 상용화를 가속시키고 있다. 복잡한 설치 과정 없이 간편하게 사용할 수 있는 경량형 디바이스는 사용자 접근성을 획기적으로 높였으며, 실감형 콘텐츠 시장의 대중화를 앞당기는 결정적 역할을 하고 있다.

이러한 AI 기반의 인터페이스 기술은 다음 세 가지 방향으로 발전하고 있다. 첫째는 자연스러움(Naturalness)

이다. 특히, 인간 고유의 소통 방식인 '음성' 기반 인터페이스를 더욱 정밀하게 재현하는 방향으로 발전하고 있다. 초기의 단순히 몇 가지 명령어 중심이었던 음성 인터페이스에서 벗어나, 현재는 언어적 뉘앙스, 감정 흐름, 문화적 맥락을 종합적으로 이해하는 수준에 이르렀다. 이는 고도화된 자연어 이해(NLU) 기술을 통해 사용자의 억양, 발화 속도, 정서적 변화까지 실시간으로 분석하고, 맥락에 최적화된 반응을 생성한다. 최근에는 사용자의 미묘한 표현 변화까지 감지해 자연스러운 반응을 제공함으로써, 인간-기계 상호작용(HMI)의 질적 전환을 이끌고 있다.

대표적인 사례로는 2024년 4월, 메타(Meta)가 공개한 'Meta AI with Vision' 기술이다(Meta, 2024. 4). 이는 메타의 자체 대규모 언어 모델(LLM)인 LlaMA를 기반으로 구현된 멀티모달 AI 에이전트로, 사용자의 언어적 명령뿐 아니라 시각 정보를 실시간으로 인식하고 이를 해석해 반응하는 기능을 갖추고 있다. 기존의 음성 명령 시스템이 단순한 명령 수행에 머물렀다면, 메타에서 개발한 HMD에 적용되고 있는 AI 에이전트는 사용자와 보다 맥락적이고 감성적인 소통을 가능하게 만든다.

사용자가 실제로 보고 있는 물리 환경을 실시간으로

인식할 수 있어, HMD를 착용한 상태에서 주변에 있는 옷이나 사물을 가리키며 질문하면, 시스템은 그 시각적 정보를 이해하고, 이에 적절한 조언을 제공할 수 있다. 이러한 기능은 단순히 텍스트 기반의 자연어 이해를 넘어서, 시각-언어 통합 이해력을 바탕으로 한 상호작용을 실현한다는 점에서 기술적 전환점을 보여 준다.

메타는 해당 기술을 공개하며, 기존 Voice Command 시스템을 폐기하고, AI 중심의 인터페이스로 완전히 전환한다고 밝혔다. 이는 단순한 '명령 수행'이 아니라, '대화 기반의 상호 이해'와 '환경 기반의 반응'을 추구하는 차세대 인터페이스 전략의 일환으로 해석할 수 있다 (Meta, 2024. 7).

이와 유사하게, 국내에서는 삼성전자가 구글과 협업해 개발 중인 XR 헤드셋 '무한(Infinite)'이 있다. 이 기기는 2025년 출시를 앞두고 있으며, 세계 최대 수준의 앱 생태계인 안드로이드와의 결합과 고도화된 AI 인터페이스 기술이 통합된 플랫폼으로 큰 주목을 받고 있다. 특히 이 기기에 통합된 구글의 제미나이(Gemini) AI 기술은 자연어 이해를 기반으로 한 멀티모달 AI 에이전트를 구현하고 있으며, 이는 단순한 음성 명령 시스템을 넘어 사용자의 시선, 질문, 맥락을 이해하고 실시간 반응하는 상호작용을 가능하게 할 수 있다. 삼성전자가 바라보는 AI 에이전트는 단순한 챗봇이 아닌 지속적으로 학습하며 사용자와 상호작용하는 진화한 AI 인터페이스인 것이다. 실제 사용자 리뷰가 공개되었는데, 터치나 조작 없이 자연스럽게 말로 조작이 가능하다는 점이 사용자 피로도가 높은 XR 환경에서 높은 효용을 제공했다는 점에서 많은 기대를 받고 있다(Song, 2024).

둘째는 즉시성(Immediate Response)이다. 이는 사용자의 입력에 지연 없이 반응함으로써, 마치 인간 간의 상호작용처럼 자연스럽고 몰입감 있는 인터페이스 경험을 구현하는 것을 의미한다. 특히 VR · AR · XR 같은 실감 콘텐츠 환경에서는 사용자의 시선 이동, 손동작, 신체 위치 변화, 미세한 표정 변화 등 다중 입력 신호가 동시에 발생하며, 이 정보를 얼마나 빠르고 정확하게 해석하느냐에 따라 사용자 경험의 품질이 결정된다.

전통적인 시스템에서는 이러한 입력을 서버 기반 분석을 통해 처리했기 때문에 많은 부수적인 장비와 지연(latency)이 발생했고, 이는 몰입감을 깨뜨리는 주요 요인이 되었다. 그러나 최근 온디바이스 AI(On-device AI) 기술의 발전은 이러한 한계를 극복하고 있다. 사용자의 손이 움직이는 즉시 HMD 내부에서 이를 해석하고, 다음 예상 동작을 기반으로 화면 내 객체의 반응을 미리 준비함으로써 선제적인 상호작용이 가능해졌다.

이러한 선제적 반응은 단순한 기술 성능의 문제가 아니라, 인지 심리학적 몰입(Immersion)을 유지하기 위한 필수 조건이기도 하다. 사용자가 손을 뻗었을 때, 오브젝트가 지연 없이 반응해야 사용자는 해당 가상공간을 실제처럼 느낄 수 있다. 반응이 1~2초만 늦어져도 사용자에게는 인공적인 감각이 형성되며, 이는 시스템 전반에 대한 신뢰도 저하로 이어질 수 있기 때문이다. 이러한 문제를 해결하기 위해 대부분의 HMD 디바이스는 온디바이스 AI를 적극 적용하고 있다. 대표적으로 메타의 Quest 3는 'Qualcomm Snapdragon XR2 Gen 2'를 적용하고 있으며, 이는 최대 10개의 센서 및 카메라로부터 입력을 동시에 처리하며, 딥 러닝 기반 예측을 통해 사용자의 위치 변화와 행동을 선제적으로 보정하는 기능을 탑재하고 있다(Qualcomm, 2024).

최근에는 사용자의 미세한 표정 변화나 시선 흐름을 AI가 실시간 분석해 감정 상태나 의도를 파악하고, 이에 따른 맞춤형 인터페이스 반응을 제공하는 방향으로까지 발전하고 있다. 사용자가 놀라는 표정을 짓거나 당황한 반응을 보일 경우, 시스템은 인터랙션 강도를 줄이거나,

안내 메시지를 시각적으로 보조하는 등의 대응을 자동으로 제공할 수 있다.

이러한 즉시성 기반의 상호작용은 단순한 기술 고도화를 넘어서, 사용자와 시스템 간의 '신뢰 기반 인터페이스'를 형성하는 핵심 기제로 작동한다. 실시간 반응은 인간과의 상호작용에서 본능적인 기대감이기 때문에, AI가 이를 얼마나 자연스럽게 충족시킬 수 있는가는 인터페이스 기술의 완성도를 가늠하는 중요한 기준이 된다.

셋째는 개인화(Personalization)다. 이는 각 사용자의 고유한 특성, 선호, 행동 패턴을 학습해 사용자 맞춤형 상호작용을 제공하는 것을 의미하며, 기존의 일률적인 UX(User Experience)와는 근본적으로 다른 방식이다. 특히 VR · AR · XR 환경에서는 사용자의 몰입감을 높이기 위해 더욱 세밀한 수준의 적응형 인터페이스가 요구되며, 이를 실현하는 핵심 기술이 바로 개인화된 AI다.

현재는 사용자의 관심사를 기반으로 관련 콘텐츠를 추천해 주는 수준이지만, 향후 AI는 사용자의 사용 빈도, 응답 속도, 관심사, 감정 상태, 맥락 인식 이력 등을 종합적으로 분석해, 개별 사용자에게 최적화된 인터페이스 흐름과 콘텐츠를 제시한다. 특정 개념을 자주 검색한 사용자는 해당 주제를 중심으로 인터페이스가 구성되고,

감정 분석을 통해 피로도가 높은 사용자에게는 인터페이스의 자극 강도를 줄이는 방식으로 반응할 수 있을 것이다. 이는 단순한 설정 기반 커스터마이징이 아닌, AI의 자기 학습을 통한 지속적인 최적화라는 점에서 의미가 깊다.

개인화는 단순한 UX 개선을 넘어, AI가 사용자의 조력자이자 파트너로 기능하는 상호작용 모델을 실현하는 데 핵심적인 요소로 작용할 것이다. 이는 AI 인터페이스 기술이 단지 더 빠르고 정확한 반응을 넘어, 사용자의 삶과 일상을 더 깊이 이해하고 함께 맞춰 나가는 동반자 기술로 진화하고 있음을 보여 주는 지점이다.

AI와 함께 인간 중심의 인터페이스

AI 기술의 발전은 인간-기계 인터페이스의 개념을 근본적으로 재정의하고 있다. 과거에는 기계가 인간의 명령을 단순히 수행하는 도구로 기능했다면, 이제는 기계가 인간의 감정과 의도를 이해하고, 상황에 맞춰 반응하며, 사용자의 경험을 중심으로 학습하는 '지능적 상호작용 파트너'로 변모하고 있는 것이다. 특히 VR · AR · XR 등 실감형 콘텐츠 영역에서는 이러한 진화가 더욱 선명하게 드러난다. 사용자는 더 이상 복잡한 장비를 통해 시스템에 명령을 입력하지 않는다. 대신, 자연스러운 언어, 손짓, 표정, 시선 같은 비언어적이고 직관적인 표현만으로도 기기와 소통하며, 이는 사용자에게 실재감 있는 몰입과 감정적 연결을 제공한다. 이러한 인터페이스 혁신은 세 가지 축인 자연스러움(Naturalness), 즉시성(Immediate Response), 개인화(Personalization)를 중심으로 진화하고 있으며, 이는 단순한 기술적 진보를 넘어 인간 중심의 디지털 경험을 가능케 하는 핵심 구조로 작용하고 있다. AI는 점점 더 인간의 언어와 행동, 감정을 이해하는 수준으로 진화하고 있으며, 기계와 인간의 경계는 점점 더 모호해지고 있다. 앞으로의 인터페이스는 물리적 장치의 한계를 넘어 인지 기반의 상호작용, 정서적 공감, 지속적인 사용자 맞춤 최적화를 통해 인간의 일상과 디지털 세계를 더욱 깊이 있게 연결하게 될 것이다. 이는 단순히 새로운 기술의 도입이 아니라, 인간 중심의 기술 철학과 경험 설계가 실현되는 시대의 시작을 의미한다.

참고문헌

김병용(2025.1.6). “[CES 2025] 삼성전자 초개인화 AI 스크린 경험 ‘비전 AI’ 공개”. 《The Guru》.

https://www.theguru.co.kr/news/article.html?no=81686
정지훈(2014). 《거의 모든 인터넷의 역사》. 메디치미디어.
Meta(2024.7.24). "Introducing Meta AI on Meta quest". https://www.meta.com/ko-kr/blog/meta-ai-on-meta-quest-3/
Meta(2024.4.30). "Sun's out, fun's out! Tips & tricks for traveling with your Ray-Ban, Meta smart glasses". https://www.meta.com/ko-kr/blog/ray-ban-meta-smart-glasses-tips-tricks-spring-summer-travel-guide/
Qualcomm(2024.1). "Snapdragon XR2 Gen 2 platform". https://www.qualcomm.com/products/mobile/snapdragon/xr-vr-ar/snapdragon-xr2-gen-2-platform
Song, V.(2024.12.12). I saw Google's plan to put Android on your face. The Verge. https://www.theverge.com/2024/12/12/24319528/google-android-xr-samsung-project-moohan-smart-glasses

04
AI 활용 콘텐츠 자산 생성 혁신

실감 콘텐츠를 구성하는 애셋(Asset, 자산)인 텍스트에서부터 이미지, 3D, 애니메이션에 이르기까지 자동 생성되는 AI 기술의 현주소에 대해 알아본다.

AI와 사주?

실감형 콘텐츠의 본질, 자산 제작의 진화

VR · AR · XR로 대표되는 실감 콘텐츠는 현실 세계와 가상 세계를 연결하는 매개체로 자리매김하고 있다. 이때 사용자의 몰입감을 구성하는 중요한 핵심은 단순한 가상의 공간을 기술적으로 구현하는 것을 넘어 '보이는 것'을 어떻게 정교하게 만들고 배치하느냐에 달려 있다. 즉, 사용자가 가상공간에서 마주하는 이미지, 오브젝트, 공간 텍스처, 사운드, 인터랙션 대상 같은 내부 리소스는 단순한 배경 요소가 아니라, 경험의 질을 결정짓는 핵심인 셈이다.

기존 실감 콘텐츠의 애셋 제작은 고도로 분업화된 전문가의 영역이었다. 3D 모델러는 공간을 설계하고, 그래픽 디자이너는 텍스처를 입히며, 애니메이터는 동작을 부여했다. 하나의 3D 오브젝트를 만들기 위해 수일에서 수주가 소요되며, 전체 콘텐츠를 완성하기까지는 많은 비용과 시간이 요구되었다. 이처럼 실감 콘텐츠의 리소스 제작은 오랜 시간 동안 노동 집약적 프로세스의 상징이었다.

그러나 AI 기술의 도입은 이러한 구조를 빠르게 재편하고 있다. 생성형 AI는 텍스트 한 줄로도 이미지를 만들고, 수십 장의 이미지로 3D 모델을 자동 구성하며, 음성과 감정을 부여한 NPC(Non-Player Character)를 단 몇 분 만에 구현할 수 있게 되었다.

이 장에서는 AI 기술이 콘텐츠 애셋 생성 방식에 어떠한 구조적 전환을 일으키고 있는지를 시각적 애셋과 인터랙티브 두 가지를 중심으로 알아보고자 한다.

시각적 애셋: AI가 만드는 2D, 3D 그래픽

실감 콘텐츠에서 시각적 애셋은 단순한 그래픽이 아닌, 사용자가 몰입할 수 있는 '현실감 있는 세계'를 구성하는 중요한 재료가 된다. 과거에는 이러한 시각 요소를 제작하기 위해 실사 촬영하거나 모델링 등의 과정을 거치는 복잡하고 정교한 수작업이 필수적이었기에, 많은 시간과 비용이 필요했다. 하지만 AI 기술의 발전은 이와 같은 시각적 애셋 제작의 근본적인 전환점을 가져왔다. 특히 텍스트 프롬프트 기반의 생성형 AI를 활용한 2D 그래픽 · 영상 생성 및 3D 오브젝트 생성 등은 전통적인 디자인 영역의 혁신적인 변화를 가져왔다.

2D 그래픽을 제작하는 AI 솔루션에는 대표적으로 달리(DALL-E) 3, 미드저니(Midjourney), 어도비(Adobe) 파이어플라이(Firefly) 등이 있다. 이러한 이미지 생성 AI는 수많은 이미지를 학습해 공통된 패턴과 시각적 특

징을 바탕으로 새로운 이미지를 생성하는 기술로, 초기에는 GAN(Generative Adversarial Network)을 중심으로 발전해 왔으며, 최근에는 무작위 노이즈에서 점진적으로 이미지를 복원해 가는 확산 모델(Diffusion Model)을 중심으로 진화하고 있다(이기석 외, 2024).

이미지 생성 AI는 간단한 문장 하나로 고해상도의 복잡한 이미지를 몇 초 안에 생성할 수 있다. 특히 어도비 파이어플라이는 콘텐츠 상용화에 적합한 저작권 클리어된 이미지 생성을 제공함으로써, 산업용 콘텐츠 제작에 실질적 효용을 제공하고 있다.

VR 콘텐츠 제작 과정에서는 360도 이미지 생성 및 확장에도 AI가 활용된다. 미드저니나 달리의 이미지 확장 기능을 통해 사용자가 촬영한 공간의 빈 영역을 자동 보정하거나, 제한된 시점에서의 뷰를 확장해 새로운 시야를 창출하는 기술이 적용되고 있다.

AI는 그래픽 이미지뿐 아니라 디지털 인터페이스 구성에도 직접 개입하고 있다. 피그마(Figma)의 AI 플러그인이나 캔바(Canva)의 매직 디자인(Magic Design)은 사용자의 기획 의도를 분석해 버튼 배치, 컬러 팔레트, 정보 계층 구조 등을 자동 설계하고, 즉각적인 시각화 결과물을 제공한다. 이는 VR/AR에서 사용자와의 접점(UI

Layer)을 설계하는 초기 작업을 대폭 단축시킨다.

또한, 3D 오브젝트 제작 영역에서도 AI 기반 기술이 빠르게 확산되고 있다. 대표적으로 인텔(Intel)은 텍스트 입력 기반으로 깊이 맵(Depth-Map)을 포함한 360도 3D 이미지 제작용 AI 모델인 LDM3D(Latent Diffusion Model for 3D)를 공개했다(G.B.M. Stan, 2023). 상용 서비스로는 Kaedim은 2D 그래픽 이미지 한 장만으로 게임 엔진 호환 3D 모델을 몇 분 내 자동 생성해 주는 서비스를 제공하고 있으며, Promethean AI는 사용자의 입력 문장 또는 간단한 공간 구성을 바탕으로 실내 레이아웃을 제안하고, 사전 학습된 오브젝트 라이브러리를 활용해 자동으로 가상공간을 구성한다.

이러한 기능은 기존에 수일이 걸리던 공간 배치 작업을 단축시키며, 반복 제작이 요구되는 XR 콘텐츠 기획 단계에서 큰 시간 절감 효과를 가져다준다.

이외에도 텍스처와 재질 제작 기술에서도 AI는 실질적인 생산성을 제공하고 있다. 어도비의 Substance 3D는 실물 사진을 기반으로 고해상도 텍스처를 자동 생성하고, 이를 재질별 속성값(Roughness, Normal, Bump 등)으로 자동 변환해 VR 공간에 적용 가능한 결과물로 제공한다.

이러한 기술들은 콘텐츠 기획 초기 단계에서의 시각화 속도를 비약적으로 끌어올리는 한편, 인간의 창작적 상상력을 보조하고 확대하는 기능으로 자리매김하고 있다. 다만, 이와 같은 애셋은 그대로 게임 엔진에서 바로 활용되기보다는, 후속 가공이나 최적화, 인터랙션 구현 작업을 위한 전처리 과정으로 활용되는 경우가 많다.

인터랙티브: AI가 만드는 콘텐츠 속 상호작용

실감 콘텐츠는 단순한 시각 자산의 집합체를 넘어, 사용자와의 실시간 상호작용을 기반으로 한 반응성 있는 콘텐츠 환경을 지향한다.

AI 기반 인터랙티브 요소는 크게 두 가지 방향으로 진화하고 있다. 첫 번째는 사용자가 콘텐츠 내 AI와 직접 상호작용하면서 콘텐츠의 흐름을 실시간으로 바꾸는 '인터랙티브 스토리텔링' 분야이며, 두 번째는 게임 내 환경과 오브젝트, 맵 등을 무작위로 또는 맥락에 따라 자동으로 생성하는 '절차적 콘텐츠 생성(PCG, Procedural Content Generation)' 분야다.

인터랙티브 스토리텔링의 대표적인 사례로는 스탠포드 대학에서 진행한 'Generative Agents' 프로젝트를 들 수 있다(Park et al., 2023). 이 연구는 대규모 언어 모델

(LLM)과 장기 기억 모듈을 결합한 AI 에이전트를 활용해, 가상의 마을 속에서 NPC들이 자율적으로 일상생활을 하며 동적 스토리를 구성하는 과정을 시뮬레이션했다. 각 에이전트는 이전 경험과 대화 맥락을 기반으로 의사결정을 내리며, 실제 인간 사회처럼 다양한 사회적 상호작용을 전개한다. 사용자의 개입 없이도 에이전트 간 상호작용이 축적되어 고유의 서사를 형성하고, 사용자 입력이 더해질 경우 더욱 정교한 반응 및 내러티브 분기를 생성할 수 있는 구조를 구현했다. 이와 유사하게 AI 던전(Dungeon)은 인공지능 텍스트 게임으로, 플레이어가 텍스트를 입력하면 인공지능이 학습된 데이터를 바탕으로 그 다음에 나올 문장을 예측해 출력하는 형태로 플레이된다. 이러한 콘텐츠는 단순한 사전 저장된 스크립트 출력을 넘어 상황에 따라 서사를 유연하게 생성하는 상호작용적 AI 콘텐츠의 가능성을 실증하고 있다.

절차적 콘텐츠 생성 분야에서는 딥 러닝 기반 기술이 게임 내 맵, 오브젝트, 몬스터, 게임 메커니즘 등을 자동으로 생성하는 데 활용되고 있다. 초기에는 기존 맵 데이터로부터 자연스럽게 다음 맵을 생성하는 LSTM(long short-term memory) 기반 알고리즘이 활용되었으나 (Summerville & Mateas, 2016), 이후 GAN, Conditional

VAE 등의 알고리즘이 등장하면서 더 정교하고 다양한 맵 생성을 지원하게 되었다. 최근에는 인간의 데이터 개입을 최소화하면서도 고품질 콘텐츠를 생성할 수 있도록 강화 학습 기반의 PCGRL(Procedural Content Generation via Reinforcement Learning) 기술도 연구되고 있으며, 이는 AI 스스로 게임 맵을 탐색하며 새로운 콘텐츠를 생성하고, 인간이 정해준 보상함수를 따라 다양한 콘텐츠를 오류 없이 만들 수 있도록 학습된다(이기석 외, 2024).

결국 판단은 인간의 역할

AI는 콘텐츠 애셋 제작의 다양한 국면에서 창작의 효율성과 속도를 비약적으로 끌어올리고 있다. 특히 시각적 애셋 제작 도구들은 초기 기획 단계에서 시각적 상상력을 빠르게 구현할 수 있는 환경을 제공하며, AI 기반 인터랙티브 요소는 실시간성과 상호작용을 기반으로 한 콘텐츠의 몰입도를 근본적으로 확장시키고 있다. 그러나 이러한 기술적 진보에도 불구하고, 여전히 최종 결과물의 완성도는 인간 창작자의 미적 판단, 맥락적 해석, 서사적 조율 능력에 의존한다.

AI는 강력한 도구이자 조력자이지만, 콘텐츠의 의미

를 규정하고 정서적 울림을 부여하는 일은 인간의 몫으로 남아 있다. 결국 AI의 도입은 창작의 자동화를 넘어, 인간 고유의 창의성과 감성, 그리고 비판적 통찰이 더욱 중요해지는 시대로 나아가고 있다. 이는 콘텐츠 제작이 효율성의 극대화와 인간성의 재조율 사이에서 균형을 찾아야 하는 새로운 과제를 맞이하고 있음을 의미한다.

참고문헌

이기석 외(2024). "디지털 애셋 창작을 위한 생성형 AI 기술 동향 및 발전 전망". 《전자통신동향분석》, 39(2), 32~42쪽. https://ettrends.etri.re.kr/ettrends/207/0905207005/

Adobe Substance 3D. https://www.adobe.com/kr/products/substance3d.html

AI Dungeon. https://play.aidungeon.com/

Kaedim. https://www.kaedim3d.com/

Park, J. S. et al.(2023.8.6). Generative agents: Interactive simulacra of human behavior. *UIST '23: Proceedings of the 36th Annual ACM Symposium on User Interface Software and Technology, 2*, pp.1~22. https://www.researchgate.net/publication/375063078_Generative_Agents_Interactive_Simulacra_of_Human_Behavior

Promethean AI. https://www.prometheanai.com/

Stan, G. B. M. et al.(2023). LDM3D: Latent diffusion model for 3D. *ArXiv*. https://arxiv.org/abs/2305.10853

Summerville, A. & Mateas, M.(2016). Super mario as a string: Platformer level generation via LSTMs. *ArXiv*.

https://arxiv.org/abs/1603.00930

05

AI와 XR 콘텐츠 제작

SLAM, 행동 추적, 실시간 렌더링 등 XR 콘텐츠 제작 과정에서 AI 활용 방법에 대해 알아본다.

AI와 아이돌?

공간 기반 융합 기술로의 진화

XR(확장현실, Extended Reality)은 오랫동안 VR(가상현실, Virtual Reality), AR(증강현실, Augmented Reality), MR(혼합현실, Mixed Reality)의 통합 개념으로 설명되어 왔으며, 대부분 HMD(Head-Mounted Display) 장치를 착용한 개인 몰입형 경험을 중심으로 논의되어 왔다. 하지만 최근 들어 XR 기술은 단순한 착용형 인터페이스를 넘어서, 공간 자체를 감지하고 해석하며, 실제 환경과 디지털 정보를 실시간으로 융합하는 '공간 기반 콘텐츠 제작 시스템'으로 진화하고 있다.

이러한 확장은 XR의 개념을 기술 중심에서 경험 중심, 맥락 중심으로 재정의하게 만든다. 특히 방송 · 영화 등 미디어 산업 현장 등에서 활용되는 XR 기반 버추얼 프로덕션은 이를 가장 극적으로 보여 주는 사례다. 버추얼 프로덕션은 카메라 트래킹, 실시간 렌더링 기술 등을 기반으로 콘텐츠 제작의 실시간성과 몰입감을 동시에 실현할 수 있는 디지털 스테이지로서의 역할을 수행하며, 현실-가상 간 경계를 제거하는 콘텐츠 환경을 구현한다(한국방송통신전파진흥원, 2022).

국내에서는 브이에이 코퍼레이션, 자이언트스텝, CJ ENM, SKT Team Studio 등이 선도적으로 XR 기반 버추얼 프로덕션 시스템을 구축하고 있으며, 이들은 LED Wall, 카메라 트래킹, 언리얼 엔진 기반 실시간 렌더링 시스템을 조합해 XR 환경을 구현하고 있다(영화진흥위원회, 2023).

강화 학습 프로덕션의 등장은 AI 기술의 발전과 관련이 있다. 공간 정보의 인식, 실시간 해석, 시각적 재구성까지 모든 과정에서 AI는 핵심적 역할을 수행하고 있으며, 과거 고정된 화면에서 배경 이미지가 변경되는 수준에서, 이제는 공간과 카메라의 움직임에 대한 이해를 바탕으로 현실감 높은 실시간 콘텐츠로 빠르게 전환되고 있다.

이 장에서는 XR의 개념을 보다 확장된 시각에서 조망하고, 버추얼 프로덕션과 AI가 결합함으로써 어떻게 콘텐츠 제작 방식과 표현 양식이 변화하고 있는지를 분석하고자 한다.

카메라 트래킹의 진화

확장현실(XR) 기반 버추얼 프로덕션은 현실과 가상의 경계를 넘나들며, 물리적 공간 위에 가상의 배경이나 오브젝트를 실시간으로 합성하는 기술을 기반으로 한다. 이를 구현하기 위해 핵심적으로 요구되는 것은 '카메라의 움직임에 따라 가상의 배경과 요소를 자연스럽게 반응시키는 기술'이다. 이는 '카메라 트래킹'이라는 이름으로 불리며, 버추얼 프로덕션 제작 환경의 기술적 근간을 형성해 왔다.

버추얼 프로덕션 시스템 초기부터 정밀한 하드웨어 기반의 카메라 트래킹 시스템은 이미 높은 수준의 성능을 보여 주고 있었다. 대표적으로 Stype, Mo-Sys, OptiTrack, Vicon 등 고급 마커 기반 시스템이 사용되었으며, 이는 방송용 XR 스튜디오나 대형 공연 무대에서 안정적으로 활용되며, 정밀도와 신뢰성 면에서 높은 평가를 받아 왔다. 이와 함께 실시간 렌더링은 주로 고성능 워크스테이션과 고정형 서버 환경에서 언리얼 엔진(Unreal Engine) 등의 게임 엔진을 활용해 구현되었으며, 고해상도의 가상 환경을 빠르게 생성하고 조작하는 데 핵심적인 역할을 해 왔다. 다만, 이러한 시스템은 대규모 공간과 고정된 장비 설치가 필요하다는 특성상, 활용 유연성과 비용 측면에서는 한계가 있었다(모션테크놀로지, 2025).

이러한 상황에서 카메라 트래킹 기술은 AI를 기반으로 두 가지 방향으로 진화하고 있다. 첫째는 경량화 및 유연성 확대의 방향이다. AI 기반의 V-SLAM(Visual

Simultaneous Localization and Mapping) 기술을 통해 단일 또는 소형 카메라만으로도 카메라의 위치, 이동 경로, 그리고 주변 공간의 구조를 동시에 파악할 수 있게 되었으며, 이러한 기술은 카메라 센서를 기반으로 하는 최신 HMD 기기에서 실시간 공간을 인식하는 핵심 기능으로 적용되고 있다(손재권, 2023). 이 같은 시스템은 외부 트래커 설치 없이도 모바일 환경에서 높은 자유도와 민첩성을 제공하며, 교육, 전시, 소규모 제작 환경에 적합한 대안으로 부상하고 있다. 대표적으로 스테레오랩스(StereoLabs)의 Zed Camera는 499달러에 AI 기반 스테레오 비전(Stereo Vision) 센서를 판매하며, 소규모 버추얼 프로덕션의 가능성을 제시했다.

둘째는 고정밀 시스템에 AI를 접목해 더욱 높은 정확성과 자동화를 실현하는 방향이다. 대표적인 사례로는 옵티트랙(OptiTrack)이 개발한 "Duplex Mode™"가 있다. 이 기술은 마커 기반 광학 트래킹과 AI 기반 마커리스 트래킹을 동시에 수행할 수 있도록 설계되어, 상황에 따라 두 방식의 장점을 모두 활용할 수 있으며, 마커 기반 데이터가 일시적으로 부족한 환경에서도 연속적인 트래킹 워크플로를 가능하게 한다. 이는 대형 XR 스튜디오나 방송 현장에서 실시간 안정성을 극대화하는 방식으로, 기존 시스템의 강점을 유지하면서도 AI의 보완 능력을 활용하는 통합형 전략이라 할 수 있다.

이러한 기술의 발전은 XR 콘텐츠 제작의 경계를 확장시키고 있으며, 단순한 기술 운용을 넘어, 실시간 반응성과 시각화 능력을 갖춘 '지능형 콘텐츠 제작 시스템'으로의 전환을 가속화하고 있다. 향후 방송, 전시, 교육, 산업현장 등에서 AI와 기존 시스템이 상호 보완적으로 활용되어, 더 넓은 콘텐츠 제작 생태계가 구축될 것으로 기대된다.

오브젝트 및 바디 트래킹의 진화

XR 콘텐츠에서 인간 혹은 오브젝트의 움직임을 정밀하게 추적하고, 이를 디지털 오브젝트나 캐릭터와 동기화하는 기술은 몰입감과 상호작용성을 결정짓는 핵심 요소 중 하나다. 특히 공연, 게임, 인터랙티브 전시, 메타버스 등에서 사용자 혹은 배우의 움직임을 실시간으로 반영하는 데 필수적인 기술이 바로 오브젝트 및 바디 트래킹(Object & Body Tracking)이다.

초기 XR 콘텐츠나 3D 애니메이션 제작 현장에서는 주로 마커 기반의 모션 캡처 시스템(motion capture)이 사용되었다. 사용자는 몸 곳곳에 부착된 마커나 센서를 착용하고, 특수한 적외선 카메라 시스템을 통해 움직임을 캡처했다. 이 방식은 높은 정확도를 제공했지만, 장비 가격이 매우 높고, 설치 공간이 제한적이며, 배우가 반드시 장비를 착용해야 한다는 제약이 있었다.

카메라 트래킹과 달리, 오브젝트 트래킹은 일반적인 비디오 영상으로는 어렵고, 움직임의 3차원 좌표 추출과 실시간 처리라는 기술적 난제를 동반했기 때문에, 대부분의 콘텐츠는 사전 녹화 후 후처리 방식으로 제작되었다. 실시간 적용이 어려워, 공연이나 방송 등에서는 제한적으로만 활용되었다.

AI의 등장은 이러한 오브젝트 및 바디 트래킹 기술의 접근성과 실시간성을 획기적으로 향상시켰다. 특히 컴퓨터 비전 분야에서 딥 러닝 기반의 포즈 추정(pose estimation) 기술이 급격히 발전하면서, 더 이상 마커나 센서를 부착하지 않아도 사람의 관절 위치를 추정할 수 있게 되었다.

대표적으로 구글(Google) 미디어파이프(MediaPipe), 카네기멜론대학(Carnegie Mellon University)의 오픈포즈(OpenPose), 텐서플로(TensorFlow) 기반의 무브넷(MoveNet) 등은 일반 RGB 카메라로 촬영된 영상에서 실시간으로 사람의 전신 혹은 상반신의 2D/3D 관절 위치를 추출할 수 있는 기술을 제공한다. 이 기술은 AI가 수천만 장의 인체 사진과 영상 데이터를 학습해, 영상 속 인물이 어떤 방향을 향하고 있는지, 어떤 동작을 하고 있는지를 '예측'하는 방식으로 작동한다.

향후 이러한 기술은 단지 포즈만 인식하는 데 그치지 않고, 인물의 감정 상태, 주의 집중도, 피로도 등까지도 AI가 분석해 낼 수 있게 진화할 것이다.

또한, 이는 실시간 가상 캐릭터 구현에서도 핵심적인 역할을 한다. 에픽 게임즈(Epic Games)의 메타휴먼 크리에이터(MetaHuman Creator) 같은 플랫폼에서는 사용자의 실제 움직임을 AI가 실시간으로 캡처하고, 이를 고해상도 3D 버추얼 휴먼에 즉시 반영함으로써 실시간 인터랙션이 가능하다. 이는 공연 등에서 관객과의 3D 버추얼 휴먼이 실시간으로 소통할 수 있게 함으로써 다양한 콘텐츠의 확장성을 제시하고 있다.

AI 기반 바디 트래킹 기술은 앞으로도 더욱 고도화될 전망이다. 현재는 주로 카메라 기반의 관절 추정에 머물러 있지만, 향후에는 AI가 사용자 움직임의 '의도'와 '목적'을 해석해, 그에 적합한 인터랙션을 선제적으로 제공하는 시스템으로 발전할 것이다.

사용자가 특정 오브젝트를 향해 손을 내밀었을 때, 단

순히 위치를 인식하는 것을 넘어 '집으려는 의도', '가리키려는 목적' 등을 AI가 파악하고, 이를 콘텐츠 반응과 동기화하는 수준까지 진화할 수 있다. 또한, 멀티유저 환경에서의 협업 동작 인식, 정서 반응 기반의 인터페이스 조정, 장애인 사용자에 맞춘 트래킹 보정 기술 등도 향후 AI 트래킹 기술의 응용 분야로 주목받고 있다.

정교해진 AI 기술과 인간 중심의 고민

이제 제작자는 복잡한 하드웨어 세팅 없이도 비교적 간편하게 몰입형 콘텐츠를 구현할 수 있으며, 이는 실시간 방송, 교육, 전시, 의료 등 다양한 산업 현장에서의 적용 가능성을 높이고 있다. 동시에 콘텐츠 사용자 또한, 장치의 복잡성이나 조작의 어려움 없이 더욱 직관적이고 몰입도 높은 경험을 누릴 수 있게 되었다.

그러나 모든 기술적 진보가 그러하듯, 이 역시 일방적인 낙관만으로 받아들일 수는 없다. AI 기반의 트래킹 기술이 점차 정교해질수록, 사용자 동작과 표정, 시선 등 민감한 생체 정보가 실시간으로 수집되고 해석되는 구조 속에서 개인정보 보호와 윤리적 감시에 대한 사회적 논의도 반드시 병행되어야 한다.

결국, XR 환경에서의 AI 기반 인터랙션 기술은 창작과 몰입의 도구를 넘어 인간의 존재와 행위 자체를 읽어 내고 반응하는 시스템으로 진화하고 있다. 중요한 것은 이 기술이 누구를 위한 것인가, 그리고 어디까지 개입할 수 있는가에 대한 기술적 완성도와 사회적 합의 간의 균형을 끊임없이 고민하는 일이다.

참고문헌

모션테크놀로지(2025). "모션캡쳐 트래킹 시스템". https://www.motioncapture.co.kr/virtualproduction

손재권(2023.10.1). "퀘스트3는 왜 메타버스의 게임 체인저인가?". 《더밀크》. https://www.themiilk.com/articles/a24240e1d

정찬철 외(2023.2.17). "[KOFIC 연구 2023-01] 버추얼 프로덕션 국내외 현황과 전망". 영화진흥위원회, KOFIC 연구 2023-01. https://www.kofic.or.kr/kofic/business/rsch/findPolicyDetail.do?boardNumber=39&policyNo=5886

한국방송통신전파진흥원(2022). "버추얼 프로덕션의 특징과 영상 제작의 패러다임 변화". 《미디어이슈&트렌드》, 50, 114쪽. https://www.kca.kr/Media_Issue_Trend/vol50/download/KCA_Media_Issue_Trend_vol50_infographics_01.pdf

Business Wire(2025.3.19). "OptiTrack announces revolutionary duplex mode technology, Enabling simultaneous marker and AI-powered markerless tracking". https://finance.yahoo.com/news/optitrack-announces-revolutionary-duplex-mode-160000870.html

06
AI와 홀로그램 콘텐츠 제작

홀로그램은 레이저와 광학 기술의 결합으로 시작되었지만, 이제는 AI가 주도하는 디지털 전환 속에서 실시간 생성과 상호작용이 가능한 단계로 진화하고 있다. 아날로그 홀로그래피의 역사적 기원에서부터 디지털 홀로그램 기술의 발전 과정, 그리고 AI가 결합된 최신 응용 사례에 이르기까지, 홀로그램 콘텐츠 생태계의 흐름과 기술적 전환점을 깊이 있게 다룬다.

AI와 야구?

아날로그 홀로그램의 기원과 발전 과정

홀로그래피의 역사는 1947년 영국의 물리학자 데니스 가보(Denis Gabor)가 처음 전자 현미경의 공간 해상도를 개선하기 위한 방안으로 홀로그래피(Holography) 개념을 제안하면서 시작되었다. 가보가 제안한 원리는 두 개 이상의 빛 파장이 서로 간섭하며 만들어지는 간섭무늬를 기록하고, 이를 재생광원으로 투사했을 때 3차원 정보가 복원된다는 것으로, 초기에는 적절한 레이저 광원 없이 제한된 해상도로만 실험이 이뤄졌다. 1960년대 레이저의 상업적 보급 이후, 아날로그 홀로그램은 급격한 발전을 맞이했으며, 초기 실험실 수준의 작은 홀로그램에서 벗어나 설치 예술과 과학 시각 자료로 사용될 정도로 정교해졌다. 실존 예술 작품으로는 1972년 뉴욕 구겐하임 미술관에서 선보인 대형 홀로그램 전시가 대표적이며, 홀로그램 아티스트들이 광학판 위에 기록된 간섭무늬를 통해 관람객의 시선에 따라 이미지가 미묘하게 변화하는 여러 차원의 예술 경험을 창출했다. 박물관과 과학관에서는 가시광선 대신 X선 홀로그램 실험이 수행되어 내부 구조를 비파괴적으로 관찰하는 의료 · 산업용 응용 연구도 시작되었다. 전통적 아날로그 홀로그램 제작은 레이저, 빛 경로 분할기, 거울, 렌즈 등 고정밀

광학 부품을 미세한 간격으로 배치해야 하며, 기록 플레이트에 노이즈나 오염이 발생하면 간섭 패턴이 쉽게 왜곡되어야 했다. 또한 현상(fixing)과 정착(development) 과정을 거치는데, 이 과정에서 온도, 습도, 진동 등 환경 조건을 극도로 제어해야 했기 때문에 제작비용과 시간이 매우 많이 소요되었다. 그러나 1980~1990년대 들어 레이저의 안정성과 레이저 안전 규정이 정비되면서 교육용, 시각 자료용 홀로그램 제작이 활발히 진행되었으며, 광학 기법 연구를 통해 감광성 물질의 민감도가 향상되어 보다 효율적인 기록이 가능해졌다.

AI로 진화하는 디지털 홀로그램 생성 기술

디지털 홀로그램은 전통적인 아날로그 적층 방식의 물리·광학 공정을 모두 소프트웨어 연산으로 전환해 구현하는 혁신적 기술이다. 초기 디지털 홀로그램 연구는 물리적 간섭무늬를 디지털 이미지로 샘플링해 컴퓨터에 저장한 뒤, 이를 다시 광학 장치로 출력하는 수준에 머물렀으나, 2000년대 중반부터 GPU(Graphics Processing Unit)의 병렬 연산 능력이 획기적으로 향상되면서 3차원 물체의 복잡한 형상 데이터를 실시간으로 처리할 수 있게 되었다. 특히, 포인트 클라우드(point cloud)와 폴리

곤으로 구성된 메시(mesh) 데이터를 FFT(Fast Fourier Transform) 알고리즘을 통해 수치적으로 처리해 수밀도(interference) 간섭무늬 패턴을 생성하는 방식이 상용화되어, 디지털 홀로그램 패턴 제작 속도와 해상도가 동시에 향상되었다.

그러나 초기 디지털 홀로그램은 대규모 고해상도 패턴의 생성에 필요한 계산량이 방대해, 단일 GPU 환경에서 수십 분에서 수 시간이 소요되기 일쑤였다. 이러한 한계를 극복하기 위해 분산 컴퓨팅 클러스터를 구성하거나, 연산량을 줄이기 위한 근사화 알고리즘에 의존해야 했으며, 결과적으로 실시간 응용이 불가능했던 것이 사실이다. 이후 그래픽 카드와 병렬 처리 장치의 성능이 더욱 개선되면서, 고속 연산 하드웨어를 활용해 대용량 홀로그램 데이터를 실시간 처리할 수 있는 기반이 마련되었다.

최근에는 AI 기법이 디지털 홀로그램 생성 영역에 본격적으로 통합되어, 계산 속도와 품질 두 마리 토끼를 모두 잡는 연구가 활발하다. 예컨대, 대규모 복셀(voxel) 형태의 3D 스캔 데이터를 입력으로 받아 GAN을 이용해 간섭무늬를 직접 생성하는 AI 홀로그래밍(Holographic Programming) 기술은 기존 FFT 방식 대비 10~20배 빠른 연산 속도를 보이며, 특히 스캔 과정에서 발생한 노이즈나 데이터 불완전성을 학습된 분포 기반으로 자연스럽게 보정해 준다. 이러한 방식은 종전에 사람이 직접 매크로 파라미터를 튜닝하거나 후처리해야 했던 단계를 자동화함으로써, 사용자는 단지 3D 모델을 AI에 입력하는 것만으로 고품질 홀로그램 패턴을 확보할 수 있다.

또한, AI를 활용한 데이터 압축 알고리즘은 원본 홀로그램 파일의 대용량 데이터를 수백 메가바이트 단위에서 10분의 1 이하로 줄여 전송 효율을 비약적으로 증대시켰다. 이는 통신 대역폭이 제한된 환경, 예컨대 원격 교육 플랫폼이나 모바일 AR/VR 기기에 디지털 홀로그램을 스트리밍해야 하는 시나리오에서 매우 유용하다. 최근 개발된 멀티스펙트럼 AI 모델은 가시광선뿐 아니라 적외선, 자외선 대역의 파장 정보를 모두 처리할 수 있어, 하나의 패턴으로 다중 모달리티 디스플레이를 구현할 수 있게 되었다. 이로 인해 의료용 적외선 홀로그램, 자외선 바이오마커 시각화, 문화유산 복원용 다중 스펙트럼 재현 등 다양한 응용 영역이 빠르게 확장되고 있다.

디지털 홀로그램 생성 기술에 AI를 결합함으로써, 단순히 패턴을 빠르게 계산하는 단계를 넘어서, 학습된 콘텐츠 라이브러리에서 유사 특성을 자동 매칭해 창의적 연출 요소를 추천하거나, AR · VR 환경에서 홀로그램 콘텐츠를 사용자 시선과 상호작용에 맞춰 실시간으로 최적화하는 고도화된 기능도 가능해졌다. 예컨대, 박물관 전시에서는 관람객의 이동 경로와 시선 기록 데이터를 AI가 실시간 분석해 전시 홀로포인트(Holopoint)를 동적으로 재구성하고, 교육 콘텐츠에서는 주요 개념이 강조된 홀로그램을 자동 생성해 사용자의 학습 효과를 극대화하는 사례가 등장하고 있다.

이러한 AI 기반 디지털 홀로그램 생성 기술의 상용화는 전통적 광학 홀로그래피를 대체하는 수준을 넘어, 새로운 디스플레이 패러다임을 제시한다. 앞으로는 양자 컴퓨팅 기반 연산 가속과 AI 신경망 압축 기법이 결합되어, 복잡한 3D 환경에서도 소비 전력이 극도로 낮은 홀로그램 디스플레이 기기를 실현할 수 있을 것으로 기대된다.

AI 기반 실시간 홀로그램 투영 및 상호작용

전통적 홀로그램 시스템이 수치 연산과 대용량 데이터 전송 지연, 디스플레이 해상도 한계로 인해 대화형 구현에 많은 제약을 받아왔던 반면, 최신 딥 러닝 기반 영상

처리 기법과 5G/에지 컴퓨팅의 융합은 이러한 한계를 극복하고 실시간 홀로그램 디스플레이의 새로운 지평을 열고 있다. 깊이(depth) 카메라로 촬영된 연속 RGB-D 영상 스트림은 CNN(Convolutional Neural Network) 계열의 심층 네트워크로 프레임별 물체 형태와 움직임을 정확히 분리한 뒤, RNN(Recurrent Neural Network) 구조를 통해 시계열 연관성을 학습해 3D 포인트 클라우드의 공간·시간적 변화를 실시간으로 예측 처리한다. 이런 예측치는 AI 기반 인코더로 전달되어 간섭무늬 패턴으로 변환된 후, 에지 서버로 전송되며, 클라이언트 디스플레이 장치는 수신한 패턴을 DMD(Digital Micromirror Device) 기반 프로젝터로 수백 헤르츠 단위로 재생해 잔상 없이 부드러운 홀로그램 애니메이션을 구현한다.

동시에, AI 모듈은 관객의 제스처, 시선, 음성 명령을 CV(Computer Vision)와 NLU(Natural Language Understanding) 기술로 정교하게 인식하고, 콘텐츠 전환, 확대·축소, 회전, 객체 상호작용 등 다양한 인터랙티브 기능을 수행한다. 음성 명령의 경우 트랜스포머(Transformer) 기반 음성 처리 모델이 문맥을 분석해 사용자의 의도를 정확히 파악하고, 제스처 인식은 고해상도 심도 카메라와 경로 추적 알고리즘(Optical Flow,

SLAM)을 통해 손끝의 위치와 속도를 밀리초(ms) 단위로 추산해 실시간 반영한다. 이 과정에서 물리 엔진과의 통합은 가상 객체 간 충돌, 중력, 반발 효과를 정확히 시뮬레이션해 홀로그램 위에 떠 있는 가상 입체 물체가 현실 세계의 물리 법칙을 따르는 듯한 착각을 주어 몰입감을 극대화한다.

이러한 시스템은 대규모 다중 사용자 환경에서도 뛰어난 성능을 보인다. 에지 컴퓨팅 노드는 지리적으로 분산된 여러 단말의 데이터를 동기화하고, 멀티캐스트 프로토콜과 WebRTC 기술을 이용해 지연을 최소화하며 실시간 공유 홀로그램 환경을 제공한다. 예컨대, 대규모 콘퍼런스나 원격 협업 환경에서는 10명이 넘는 사용자가 동시에 홀로그램 투영 영역에서 상호작용하더라도, 평균 레이턴시 20ms 이내로 데이터를 처리해 끊김 없는 경험을 보장한다. 또한 네트워크 상태에 따라 AI 인코더가 동적 비트레이트 조절과 패턴 해상도 스케일링을 수행하므로, 5G 커버리지 밖에서도 Wi-Fi 6E · 6GHz 대역 또는 4G LTE 네트워크를 통해 안정적 투영이 가능하다.

브랜드 프로모션 현장에서는 대형 쇼케이스 부스에 이 시스템을 적용해, 방문객이 지정된 포인트에 다가서면 홀로그램 발표자가 자동으로 인사를 건네며 제품 정보를 소개하고, 방문객의 행동 패턴에 따라 맞춤형 콘텐츠를 즉시 제공함으로써 참여율을 끌어올렸다. 교육 훈련 분야에서는 군사 · 의료 시뮬레이션에 적용되어, 참가자의 동작을 AI가 실시간 분류 · 평가함으로써 훈련 효율을 개선한다.

이와 같이 AI 기반 실시간 홀로그램 투영 및 상호작용 기술은 브랜드 프로모션, 원격 협업, 교육 훈련을 비롯한 다양한 산업 분야에서 관객 참여율을 높이고 학습 효과를 향상시키며, 실감 경험의 새로운 표준을 제시하고 있다.

차세대 AI 융합 디지털 홀로그램 응용 사례

AI 기반 홀로그램 기술은 의료, 공연, 리테일을 비롯해 교육, 건축, 문화유산 보존, 국방 훈련 등 다양한 산업 분야에서 혁신적인 시도를 불러일으키고 있다. 우선 의료 분야에서는 AI 홀로그램이 환자의 MRI · CT 데이터를 기반으로 초정밀 3D 홀로그램을 실시간으로 생성함으로써, 수술 전 가상 시뮬레이션을 넘어 수술 중에도 홀로그램을 보조 영상으로 활용하는 단계로 발전하고 있다. 예를 들어, 뇌 수술 팀은 홀로그램을 통해 실시간으로 뇌혈관과 종양의 위치를 3차원으로 확인하며, 수술 칼날의 삽입 각도와 깊이를 정확히 조절하는 가이드로 활용하고 있다. 휴먼 머신 인터페이스가 통합된 이 시스템은 수술실 전체의 안전성과 성공률을 높였으며, 수술 후 회복 기간을 단축할 수 있다.

원격 협업 영역에서도 AI 홀로그램의 도입 효과는 지대하다. 다국적 의료진이 원격지 병원의 홀로그램 수술 장면에 함께 접속해, 각자의 전문 분야 처방과 의견을 실시간으로 공유하며 환자 상태를 모니터링하고 의사결정을 내릴 수 있다. 이러한 협업 시스템은 지리적 한계를 극복하고, 희귀 질환이나 전문 수술이 필요한 환자들에게도 적시에 고품질 의료 서비스를 제공하는 기반이 되고 있다.

공연 예술 분야에서는 AI 홀로그램이 무대 예술의 새로운 장을 열고 있다. 전통적인 무대 연출에 홀로그램 배우가 합류해, 실제 배우가 보이지 않는 공간에서도 관객에게 입체적인 존재감을 전달한다. AI 시스템은 무대 위 배우의 동선과 표정, 음성 톤을 실시간으로 분석해, 가상 캐릭터의 표정 변화와 제스처를 자연스럽게 동기화시킨다. 특히 뮤지컬에서는 감정이 고조되는 클라이맥스 장면에 홀로그램 오브제가 등장해 몰입감을 극대화하며, 무대 전환마다 물리적 세트 교체 없이 다채로운 무대 공간을 창출한다. 이러한 연출 기법은 관객 만족도를 끌어올리며, 전례 없는 시각적 경험을 제공한다.

리테일 마케팅 분야에서는 AI 홀로그램 쇼케이스가 비대면 소비자 경험을 혁신적으로 변화시키고 있다. 고객은 제스처나 음성 명령으로 제품의 3D 모델을 회전·확대·축소하며 세부 특징을 살펴볼 수 있고, AI가 고객의 시선과 클릭 데이터를 분석해 맞춤형 상품 추천을 즉시 제공한다. 또한 가상 피팅 룸에서는 고객이 신체 치수를 입력하거나 측정하면, AI가 즉시 맞춤형 홀로그램 옷차림을 생성해 착용 모습을 보여 준다. 실제 판매 데이터에 따르면 반품률이 낮아졌으며, 구매 전환율도 증가했다.

이외에도 교육 분야에서 AI 홀로그램은 학생들의 학습 몰입도를 높이고 있다. 과학 실험 시뮬레이션에서는 위험한 화학 반응을 안전한 홀로그램으로 구현해 학생들이 가상 실험을 반복 체험하며 학습 효과를 극대화한다. 역사 교육에서는 고대 유적의 홀로그램 재현을 통해 학생들이 유적지를 직접 탐험하듯이 학습할 수 있다. 건축 및 도시 계획 분야에서는 설계 데이터를 AI 홀로그램으로 시각화해 의사결정 회의에서 실시간 수정·피드백이 가능하며, 문화유산 보존에서는 훼손 우려가 있는 유물을 홀로그램으로 복원·전시해 원본은 안전하게 보관하는 새로운 보존 방식을 제시한다. 국방 분야에서는 AI 홀로그램 시뮬레이션으로 전술 훈련 및 작전 계획 시나리오를 3차원으로 구현, 부대 간 협업 훈련 효율을 개선하는 효과를 거두었다.

이처럼 AI와 홀로그램 기술의 융합은 기존의 단방향 시청을 넘어 양방향·다방향 상호작용을 가능케 해, 의료부터 문화 예술, 교육, 산업 설계, 국방까지 전방위적 혁신을 이끌고 있다. 앞으로 뇌-컴퓨터 인터페이스(BCI)와 결합된 AI 홀로그램은 사용자 의도와 생체 상태를 직접 감지해 콘텐츠를 맞춤 제공하는 단계로 진화할 것이며, 메타버스 플랫폼과의 연동을 통해 물리적 공간을 넘어선 '공간 공유형 홀로그램 생태계'를 구축할 전망이다.

참고문헌

강지원 외(2019.11). "딥러닝 기반의 홀로그램 생성". 《한국방송미디어공학회 학술발표대회 논문집》, 227~228쪽. https://www.dbpia.co.kr/journal/articleDetail?nodeId=NODE09301393

김남 외(2019). "홀로그램 융합기술의 현황과 전망". 《방송과 미디어》, 24(2), 1~10쪽.

https://scienceon.kisti.re.kr/srch/selectPORSrchArticle.do?cn=JAKO201915061087165

차준영 외(2022). “심층 학습 기반 위상 홀로그램 생성”. 《한국방송미디어공학회 학술발표대회 논문집》, 410~413쪽. https://www.dbpia.co.kr/journal/articleDetail?nodeId=NODE11134115

홍지수 · 이병효(2024). “딥러닝을 이용한 홀로그램 생성 기술과 현황”. 《방송과 미디어》, 29(2), 35~45쪽. https://www.dbpia.co.kr/journal/articleDetail?nodeId=NODE11762620

07

AI와 실감 콘텐츠 디스플레이의 진화

AI가 실시간 3D 렌더링과 디스플레이 기술을 고도화하면서, 영상 콘텐츠는 시청을 넘어 사용자의 움직임 · 음성 · 감정에 반응하는 몰입형 경험으로 진화하고 있다. 이 책은 AI 기반 렌더링 엔진, 에지 컴퓨팅, 디지털 사이니지, 메타휴먼 인터랙션에 이르기까지, 인터랙티브 디스플레이 기술의 전방위적 혁신과 실감 콘텐츠 생태계의 변화를 다양한 사례를 통해 조명한다.

AI와 윤동주?

AI 기반 실시간 3D 렌더링 및 인터랙티브 디스플레이 기술

AI 기반 실시간 3D 렌더링 및 인터랙티브 디스플레이 기술은 단순한 영상 재생을 넘어 사용자의 움직임, 음성 명령, 시선 추적 같은 다양한 입력을 실시간으로 해석하고 반영하는 완전 몰입형 경험을 제공한다. 과거 GPU 병렬 처리의 한계로 인해 복잡한 3D 장면의 광원, 그림자, 반사 · 굴힘 효과는 사전 렌더링된 영상을 이용하거나 단순화된 셰이더를 통해 근사적으로 처리해야 했다. 하지만 최신 딥 러닝 기반 신경망은 NeRF(Neural Radiance Fields), SDF(Signed Distance Functions), DeepVoxels 등 혁신적 방식을 결합해 볼륨 렌더링과 다중 시점 합성을 고속으로 처리할 수 있다. NeRF 계열 모델은 수백 개의 가상 카메라 뷰 영상을 학습해 장면 내 모든 광선의 색과 밀도를 예측하며, GPU 최적화와 프롬프트 기반 신경 압축 기법을 활용해 지연 시간을 16ms 이하로 유지하면서도 4K 해상도의 고품질 출력을 구현한다. 물리 기반 렌더링(PBR)과 딥 러닝 노이즈 제거(Denoising) 알고리즘이 결합되어, 복잡한 간접 조명과 하이라이트, 투명 물질 효과를 자연스럽게 재현한다.

이 시스템은 사용자가 손을 흔들거나 몸을 기울이면,

고해상도 심도 카메라와 IMU(Inertial Measurement Unit) 센서가 밀리미터 단위의 위치 변화를 감지하고, SLAM 기술로 실시간 위치를 추적한다. 캡처된 데이터를 CNN 기반 예측 네트워크가 입력받아 객체의 3D 포인트 클라우드와 메시 구조를 즉시 보정·보강하며, 이어지는 신경망 추론 과정을 통해 텍스처, 반사율, 굴절률 등 물질 특성을 동적으로 재계산해 화면에 출력한다. 예컨대, 물체 표면에 빛이 반사되는 반짝임이나 유리 재질의 굴절 효과, 카메라 이동에 따른 원근감 변화 등이 사용자 인터랙션과 동시에 매끄럽게 전환된다.

또한 AI 기법은 단순 렌더링을 넘어 신(Scene) 내 요소를 실시간으로 생성·수정하는 기능도 제공한다. GAN을 활용해 장면에 새로운 객체를 즉석에서 합성하거나, VAE(Variational Autoencoder)로 사전 학습된 모델을 통해 사용자 음성 명령으로 텍스트·오브젝트를 입력하면 자동으로 해당 오브젝트를 3D로 생성·배치할 수 있다. 이때 메타데이터 기반 추론 엔진은 지오메트리 충돌, 물리 엔진 기반 중력·마찰 시뮬레이션을 함께 수행해 가상 객체가 실세계 표면 위에 자연스럽게 안착하고 중력 영향을 받도록 해 몰입감을 더욱 강화한다.

이러한 기술 발전은 단일 사용자 체험을 넘어 다중 사

용자 환경에서도 확장된다. AI 기반 네트워크 동기화 모듈은 각 클라이언트의 상태를 주기적으로 업로드하고, 중앙 서버에서 통합해 분산 렌더링을 수행한다. WebRTC, QUIC 기반 전송 프로토콜과 AI 동적 패킷 최적화 기술을 통해 각 사용자에게 최적화된 프레임과 해상도를 전송해, 지연 시간 20ms 이내, 프레임 유실률 1% 미만의 안정적 연결을 보장한다. 이로 인해 원격 협업, 가상 회의, 멀티플레이어 XR 게임 등에서 실시간 상호작용이 가능한 완전 몰입형 환경이 구현된다.

사용자 몰입도 측정에 AI 분석 모듈이 중요한 역할을 한다. 실시간으로 수집된 심박수, 안면 표정, 동공 확대 등 생체 신호와 사용자 행동 데이터를 딥 러닝 알고리즘이 분석해 몰입도 지수를 산출하고, 이를 바탕으로 화면 해상도, 그래픽 디테일 우선순위, 인터랙션 피드백 속도 등을 동적으로 조정한다. 몰입도가 낮아지면 시각 효과를 강화하거나 주변 소음 차단 기능을 활성화하며, 몰입도가 높을 때는 새로운 인터랙티브 요소를 제안해 체험 지속성을 높인다. 실제 실험 결과, 이러한 적응형 렌더링 시스템을 적용한 대형 전시관에서는 관람객 체류 시간이 증가하고, 대화형 교육 앱에서는 학습 몰입도가 상승한 것으로 나타났다.

이와 같이 AI 기반 실시간 3D 렌더링 및 인터랙티브 디스플레이 기술은 고품질 그래픽과 실시간 상호작용, 밀리미터 단위 정확도의 위치 인식, 다중 사용자 동기화, 몰입도 최적화 기능을 결합함으로써 실감 콘텐츠의 새로운 기준을 제시하고 있다.

에지 컴퓨팅과 초저지연 스트리밍을 위한 AI 최적화 시스템

에지 컴퓨팅과 초저지연 스트리밍을 위한 AI 최적화 시스템은 콘텐츠 생성부터 전송, 디스플레이 재생에 이르는 전 과정을 통합 관리해 네트워크 병목 현상을 최소화함으로써 사용자에게 끊김 없는 몰입 경험을 제공한다. 대규모 데이터 센터에서 처리된 3D 모델, 인터랙티브 영상, 홀로그램 패턴은 자동화된 워크플로를 통해 에지 노드로 분산 배포되며, AI 기반 전처리 엔진은 도착 즉시 영상 프레임을 실시간 분할 · 인코딩해 대역폭을 최적으로 활용한다. 이 과정에서 딥 러닝 모델은 UDP, TCP, QUIC, WebRTC 등 다양한 전송 프로토콜 간의 패킷 손실률, 지연, 대역폭 사용량을 실시간 분석하고, 최적의 프로토콜로 동적 스위칭해 레이턴시 변동을 10ms 이내로 억제한다. 사용자 단말의 네트워크 연결 상태와 기기

사양을 지속적으로 모니터링하며, AI 기반 동적 비트레이트 조정 알고리즘은 실시간으로 압축 수준과 해상도를 자동 변경해 버퍼링 없이 고화질 스트리밍을 유지한다.

또한 AI는 콘텐츠 소비 패턴을 예측해, 이전 학습 데이터를 활용해 사용자별로 선호도가 높은 구간을 사전에 에지 캐시 서버에 저장하는 스마트 예측 캐싱 기능을 수행한다. 이를 통해 사용자가 시청 중인 핵심 신(Scene)에서 발생할 수 있는 버퍼링을 5% 미만으로 줄였으며, 사용자의 전환점을 분석해 불필요한 데이터 전송을 최소화함으로써 전체 네트워크 부하를 경감했다. 네트워크 슬라이싱(Network Slicing) 기능이 적용된 5G 환경에서는 특정 애플리케이션 트래픽을 우선순위가 높은 슬라이스로 분리해, 재난 대응, 원격 수술, 산업용 AR 등 미션 크리티컬 서비스에서도 안정적인 초저지연 연결을 보장한다.

이 시스템은 원격 협업과 교육, 라이브 이벤트 중계 분야에서 특히 효과적이다. 글로벌 기업의 가상 회의 솔루션은 에지 노드를 통해 참가자별 화상과 AR 홀로그램 데이터를 동기화하며, 최대 50명의 동시 접속 환경에서도 평균 15ms 지연율을 유지해 실시간 대화가 가능하다.

원격 교육 플랫폼에서는 AI가 교사의 시선과 음성 패턴을 분석해 학생의 화면으로 중요한 장면을 자동 확대·강조하고, 동영상 콘텐츠의 주요 구간을 즉시 재생해 학습 효율을 높였다. 스포츠 중계와 공연 라이브 스트리밍에서는 대형 경기장이나 공연장에 설치된 에지 서버가 관객 영상을 수집·분석해 하이라이트 신을 자동으로 편집·전송하며, 시청자의 디바이스 사양에 맞춰 프레임률과 해상도를 조정함으로써, HD에서 8K까지 다양한 포맷을 지원한다.

기업은 이러한 AI 최적화 시스템을 구축하기 위해 퍼블릭 클라우드와 프라이빗 클라우드를 병행 활용하는 하이브리드 전략을 채택하며, 주요 콘텐츠는 프라이빗 클라우드에서 고속 처리하고, 비핵심 캐싱과 백업은 퍼블릭 클라우드로 위탁 처리한다. 컨테이너화된 마이크로서비스 아키텍처를 기반으로 쿠버네티스 오케스트레이션을 도입해, 에지 노드와 중앙 서버 간의 워크로드를 자동 분산하고, 서비스 장애 시에도 자동 복구 메커니즘이 동작하도록 구성한다. 보안 측면에서는 AI 기반 침입 탐지 시스템이 네트워크 트래픽을 상시 분석해 이상 징후를 실시간 경고하고, 전송 데이터는 엔드 투 엔드 암호화를 적용해 민감 정보를 안전하게 보호한다. 이처럼 에지 컴퓨팅과 AI 최적화 시스템의 결합은 지리적 제약을 해소하고, 지연과 화질 저하 없는 실감 콘텐츠 스트리밍을 가능케 함으로써, 사용자는 어느 장소에서나 균일하고 매끄러운 디스플레이 경험을 즐길 수 있게 되었다.

지능형 디지털 사이니지: AI가 구현하는 대형 OLED/LED 월 솔루션

지능형 디지털 사이니지 대형 OLED · LED 월 솔루션은 AI가 주변 환경의 미세한 변화와 사용자의 행동 데이터를 실시간으로 수집 · 분석해 맞춤형 콘텐츠를 제공함으로써, 기존 사이니지가 단순 정보 전달 기기에 머물던 한계를 뛰어넘는다. 스마트 시티의 공공장소에서는 도로 교통 센서, 풍속 · 온도 · 습도계, 소음 · 공기 질 측정기 등 IoT 디바이스로 얻은 실시간 환경 데이터를 AI 모델이 분석해 해당 시간대와 기상 조건에 최적화된 영상 · 음향 콘텐츠를 자동 생성 · 송출한다. 예컨대, 도심 집중 호우 시에는 대피 경로 안내와 긴급 안전 메시지를 우선 배치하고, 청명한 날씨에는 문화 행사 홍보 영상과 실시간 뉴스 피드를 결합한 복합 콘텐츠가 제공된다. 매장 · 호텔 · 공항 로비 등 상업 공간에서는 BLE 비콘, Wi-Fi 측위, 카메라 기반 행동 분석이 결합되어 사용자가 화면

가까이 다가서거나 장시간 응시할 때 자동으로 프로모션 영상을 재생하며, 응시 시간과 시선 이동 궤적을 바탕으로 개별 고객에게 최적화된 제품 정보와 할인 쿠폰을 오버레이한다. AI 기반 시각 인식 모듈은 고객의 연령대와 성별, 감정 상태를 실시간 추정해 개인화 메시지 · 스타일 · 컬러 팔레트를 동적으로 조정하며, 이렇게 얻어진 로그는 딥 러닝 학습 데이터로 환류되어 추천 정확도와 반응 속도를 지속 개선한다. 또한, 수집된 사용 패턴과 환경 데이터를 시계열 분석 기법으로 예측해, 피크 시간대에 대비한 콘텐츠의 사전 캐싱과 대역폭 할당을 자동 수행함으로써 대규모 동시 접속 상황에서도 레이턴시 없이 부드러운 체험을 유지한다. 이러한 지능형 디지털 사이니지는 브랜드 참여율과 사용자 체류 시간을 증가시키는 한편, 구매 전환율 또한 동반 상승시키는 유의미한 성과를 창출하고 있다.

AI 융합 홀로그램과 메타휴먼 디스플레이의 다음 단계

AI 융합 홀로그램과 메타휴먼 디스플레이의 다음 단계는 현실과 가상을 결합한 무경계 인터랙션의 진수를 보여 준다. 최신 AI 모델은 사람의 얼굴 표정, 시선, 목소리 톤을 실시간으로 학습해 메타휴먼이라는 가상 캐릭터에 적용하며, 홀로그램 디스플레이를 통해 3차원 공간에 실제 배우처럼 등장시킨다. 관객과의 대화가 가능한 인터랙티브 메타휴먼은 자연스러운 음성 합성과 제스처, 눈빛 교환까지 구현해, 전시장, 콘퍼런스, 쇼 이벤트 등에서 1인 다역을 수행하며 관객 참여 경험을 극대화한다. 또한 다중 시점 촬영 데이터를 통합 학습한 AI 엔진은 홀로그램 캐릭터와 실제 무대 배우 간의 동기화 타이밍을 완벽히 맞추어, 레이턴시 차이가 거의 없는 동시 상호작용을 지원한다.

이와 같은 기술 구현을 위해서는 고해상도 카메라 어레이(Array)로 구성된 다중 시점 캡처 시스템이 전제되며, AI 기반 광학 흐름(Optical Flow)과 포즈 추정 네트워크가 실시간으로 배우의 몸 움직임과 표정 변화를 3D 모델로 재구성한다. 감정 전이를 위한 페이셜 액추에이터(Actuator) 매핑은 대규모 음성 · 영상 데이터세트 학습을 통해 완성되며, 정밀한 립싱크(Lip-sync)와 감정 곡선 추적이 가능하도록 GAN 및 VAE 모델이 융합된다. 음성 합성은 트랜스포머 기반 TTS(Text-to-Speech) 모델과 Wav2Lip 기술을 결합해, 메타휴먼의 입 모양과 발성 타이밍을 자연스럽게 결합시키며, 공간 음향 기술이 더해져 사용자는 홀로그램이 실제 공간에서 말을 거는 듯한 몰입감을 느낄 수 있다.

한편, 전신 홀로그램 구현을 위한 신체 모션 캡처(MoCap) 데이터는 신경망 기반 스켈레톤 추출기로 실시간 처리되며, 8K 해상도 LED 월이나 레이저 프로젝터 기반 디스플레이에 즉각 투사된다. 관객의 움직임과 상호작용을 위해 심도 센서, 레이더(Radar) 및 LiDAR 데이터가 결합되고, AI는 이 데이터를 이용해 주변 환경 맵을 생성, 가상 캐릭터가 현실 물체 뒤나 사이를 자연스럽게 지나갈 수 있도록 Occlusion 처리와 그림자 합성까지 동역학적으로 제어한다. 이 과정을 통해 메타휴먼은 단순히 3차원 이미지가 아니라 물리적으로 공간을 지각하는 존재처럼 행동하고 반응한다.

미래에는 뇌-컴퓨터 인터페이스(BCI)와 결합되어 사용자의 감정 상태와 뇌파 패턴을 실시간으로 해석한 후, 메타휴먼 연출로 연결하는 수준으로 발전할 것이다. 예를 들어, 사용자가 스트레스나 피로감을 느끼면 BCI 신호가 AI 모듈로 전달되어 메타휴먼이 안정감 있는 목소리 톤과 표정으로 대화 체계를 조정하고, 음악 또는 조명 효과를 즉시 변경하는 식으로 맞춤형 인터랙션이 제공될 수 있다. 원격 상담 및 심리 치료 분야에서도, 메타휴

면은 환자의 뇌파 · 심박 · 안면 표정 신호를 종합 분석해 치료사의 역할을 보조하거나, 특정 치료 세션에 맞는 표정 · 언어 · 제스처를 제공해 치료 효과를 극대화할 수 있다.

이 기술은 엔터테인먼트뿐 아니라 교육, 의료, 리테일, 산업 안전 훈련 등 다방면에서 혁신적 적용을 예고한다. 교육 현장에서는 역사적 인물을 메타휴먼 형태로 소환해 학생과 직접 대화하며 교육 내용을 전달하거나, 과학 실험 설명과 함께 실시간 반응형 시뮬레이션을 제공할 수 있다. 리테일 매장에서는 가상 패션모델이 고객의 신체 치수를 AI로 측정해 제품을 입어 보고 설명하며, 개별 취향과 구매 이력을 반영한 추천 대화를 수행한다. 산업 훈련에서는 복잡한 기계 조작 과정을 메타휴먼 강사가 시연하고, 실시간 질문에 답변하며 안전 교육을 실시하는 등 고위험 작업에서도 무위험 시뮬레이션을 가능케 한다.

또한 메타버스 플랫폼과 통합되어 여러 장소에 분리된 관객이 동일한 가상공간에서 메타휴먼과 상호작용하거나, 서로의 홀로그램 아바타 형태로 협업 · 교류하는 환경이 구축될 것이다. 이러한 공간 공유형 홀로그램 생태계는 물리적 거리를 무의미하게 하고, 시공간을 초월한 실시간 소통과 협업의 장을 제공하며, 원격 근무, 국제회의, 글로벌 문화 교류 등 새로운 사회적 · 경제적 패러다임을 촉발할 전망이다.

참고문헌

김석현(2009.8). "실시간 3D 그래픽을 위한 렌더링 상태 변경 비용 감소 기법". 《한국산학기술학회논문지》, 10(8), 1843~1849쪽. https://www.dbpia.co.kr/journal/articleDetail?nodeId=NODE07209619

김성윤 외(2020.10). "고속 클라우드 엣지 플랫폼을 위한 초저지연 데이터 처리 프레임워크". 《대한전기학회 CICS 2020 정보 및 제어 학술대회》, 380~381쪽. https://www.dbpia.co.kr/journal/articleDetail?nodeId=NODE10492703

심희철 · 김헌식(2022). "메타버스 몰입을 위한 홀로그램 적용에 관한 연구". 《한국산학기술학회논문지》, 23(8), 285~292쪽. https://www.kais99.org/jkais/journal/Vol23No08/vol23no08p30.pdf

안성덕 외(2025.4). "메타버스를 위한 AI 기반 초실감 디스플레이 기술 동향 및 발전 전망". 《전자통신동향분석》, 40(2), 40~47쪽. https://ettrends.etri.re.kr/ettrends/213/0905213005/040-047.%20%EC%95%88%EC%84%B1%EB%8D%95_213%ED%98%B8%20%EC%B5%9C%EC%A2%85.pdf

Global Market Insights(2025.2). "디지털 사이니지 시장 – 디스플레이 유형별(LCD, LED, OLED, 기타),

구성요소별(하드웨어, 소프트웨어, 서비스), 위치별(실내, 실외), 디스플레이 크기별, 콘텐츠 유형별, 애플리케이션별, 최종 사용자별 예측 2024~2032".
https://www.gminsights.com/ko/industry-analysis/digital-signage-market-report

08
AI와 개인화된 사용자 경험의 변화

AI는 사용자의 감정, 행동, 맥락을 실시간으로 분석해 맞춤형 인터페이스와 콘텐츠를 제공하는 시대를 열고 있다. 이 책은 사용자 프로파일링과 페르소나 설계, 감정 기반 UX, 옴니채널(Omnichannel) 개인화 전략까지 AI 기술이 어떻게 실감형 콘텐츠 경험을 정교화하고, 몰입도와 만족도를 극대화하는지 구체적인 기술과 사례를 통해 다각도로 조명한다.

AI와 한의학?

AI 기반 사용자 프로파일링과 페르소나 설계

AI 기반 사용자 프로파일링과 페르소나 설계는 초연결 · 실감형 미디어 환경에서 개인 맞춤형 경험을 구현하기 위한 필수 토대를 제공한다. 과거에는 연령, 성별, 거주 지역 같은 정적 속성을 바탕으로 제한된 분류만 가능했으나, 현대 AI 시스템은 사용자의 디지털 발자국 전반을 실시간으로 통합 분석함으로써 훨씬 정교한 개별화 전략을 수립한다. 이 과정에서 웹 · 앱 로그와 클릭스트림(Clickstream) 데이터를 비롯해, 소셜 미디어 게시물의 감정 태깅, 검색어 쿼리의 주제 분포, 위치 기반 서비스의 이동 경로, IoT 웨어러블 센서가 감지한 생체 신호(심박수, 피부 전도도, 체온), 음성 비서 상호작용 기록 등을 비동기적으로 수집 · 정제한다. 전처리된 원시 데이터는 고차원 임베딩 네트워크에 입력되어 벡터화하며, 이를 기반으로 사용자의 선호도, 관심사, 행동 패턴, 심리 · 감정 반응 등이 수치화된다. 이후 그래프 신경망(Graph Neural Network)과 자기 지도 학습(Self-supervised Learning) 기법을 적용해, 사용자 간 유사도와 관계성을 정밀하게 모델링해 '감성 탐험가', '트렌드 주도자', '실용적 전략가', '소셜 참여자' 등 다계층 페르소나 클러스터를 구성한다.

이 같은 페르소나 그룹화는 강화 학습(Reinforcement Learning) 기반 자동 피드백 루프를 통해 고도화된다. 플랫폼은 실제 사용자 반응과 구매 전환 데이터를 실시간으로 모니터링하며, 페르소나 분류 기준과 클러스터 경계를 지속적으로 재학습한다. 예를 들어, 특정 사용자군이 7~8시 사이 짧은 뉴스 요약 콘텐츠에 반응이 높은 경우, 해당 시간대에 짧은 '모닝 브리핑' 형식의 실감 콘텐츠가 자동 제안되며, 클릭률과 시청 완료율이 높아질 때마다 페르소나 프로필은 더욱 정교해진다. 반면, 집중 시간이 긴 사용자 군에게는 20분 이상 분량의 심층 VR 다큐멘터리나 인터랙티브 오디오 가이드 같은 고밀도 콘텐츠가 연이어 추천되어 체류 시간을 최적화한다.

여기에 추천 알고리즘은 딥 러닝 협업 필터링(Collaborative Filtering)과 콘텐츠 기반 필터링(Content-based Filtering)을 하이브리드로 결합해, 페르소나 특성에 일치하는 신규 콘텐츠를 발굴하고, 사용자가 이전에 접하지 않은 장르나 주제라도 자연스럽게 제안한다. 텍스트, 이미지, 오디오, 3D 객체 등 멀티모달 데이터를 통합 처리하는 멀티모달 신경망(Multimodal Neural Networks)은 서로 다른 형태의 콘텐츠 속성을 결합해 추천 정확도를 향상시키며, 그동안 노출되지 않은 잠재적 관심 콘텐츠를 효과적으로 발굴한다.

AI 기반 사용자 프로파일링과 페르소나 설계는 다양한 산업에서 실질적 성과를 이끌어 내고 있다. 금융권 앱에서는 '실용적 전략가' 페르소나를 대상으로 포트폴리오 분석 리포트를 주 단위로 자동 생성·전송해 투자자 만족도가 상승했고, 이커머스 플랫폼은 '트렌드 주도자'를 겨냥해 신상품 론칭 전용 얼리 액세스 콘텐츠를 제공함으로써 구매 전환율을 높였다. 교육 분야에서는 '감성 탐험가' 유형의 학습자에게 몰입형 인터랙티브 VR 강의를 배치해 학습 집중도가 증가하는 효과를 확인했다. 이러한 성과는 사용자의 높은 재방문율을 확보하고, 세션당 체류 시간을 3.5배까지 확대하는 데 기여했다.

또한 프로파일링 과정에서 수집된 민감 정보와 생체 데이터는 차등 개인정보 보호(Differential Privacy)와 연합 학습(Federated Learning) 기법을 결합해 로컬 디바이스에서만 처리되도록 설계해 프라이버시를 보장한다. 분산 학습 환경에서도 중앙 서버는 개별 사용자의 비식별화된 모델 파라미터만을 수집·통합해, 프로파일링의 정확성을 유지하면서도 개인별 데이터를 노출하지 않는다. 이를 통해 GDPR, 개인정보 보호법 등 글로벌·국내 규제를 준수하며, 고도화된 개인화를 구현할 수 있다.

실시간 감정 인식과 적응형 UX

실시간 감정 인식과 적응형 UX는 사용자 경험(UX)의 감정적 측면을 정교하게 제어하는 신경망 기반 기술이다. 이 기술은 단순히 화면 구성 요소를 바꾸는 것을 넘어 사용자의 생체 및 행동 신호를 심층 분석해 인터페이스와 콘텐츠를 실시간으로 최적화하는 데 초점을 맞춘다. 웹캠과 심도 카메라, 마이크로폰을 비롯해 스마트워치와 밴드형 웨어러블 디바이스의 심박수, 뇌파(EEG), 전기 피부 반응(GSR), 호흡 패턴 등의 생체 데이터를 통합 수집하고, 이를 복합 감정 인식 모델에 전달해 '행복', '불안', '흥미', '집중', '피로' 등 8가지 이상의 감정 범주로 분류한다. 이러한 분류 과정은 1차 CNN 기반 특징 추출 단계와 2차 LSTM 또는 트랜스포머 계열의 시계열 모델을 결합해 구현되며, 전처리에서 결과까지 전체 지연을 80ms 이하로 유지해 사용자는 거의 지연 없는 적응형 인터랙션을 경험할 수 있다.

감정 분류 후 적응형 UX 엔진은 추론된 감정 상태와 과거 세션 데이터를 기반으로 컬러 팔레트, 인터페이스 레이아웃, 애니메이션 속도, 사운드 볼륨, 텍스트 크기 등을 다차원적으로 조절한다. 예를 들어, 사용자가 장시간 학습 앱을 이용하다 피로 신호가 감지되면, UI는 따뜻

한 색 계열과 부드러운 애니메이션으로 전환되어 시각적 피로를 줄이고, 집중도가 높을 때는 정보 밀도를 높이는 레이아웃으로 자동 변경해 생산성을 유지하도록 돕는다. 또한, 음성 합성 엔진은 텍스트 투 스피치(TTS) 음색을 감정 상태에 맞춰 변경하고, 배경 사운드를 미묘하게 변조해 사용자가 원하는 감정적 분위기를 즉각적으로 반영한다.

이러한 적응형 UX 시스템은 금융 · 교육 · 헬스케어 · 리테일 등 다양한 분야에 적용되어 눈에 띄는 성과를 보이고 있다. 금융 앱에서는 사용자가 스트레스 신호를 보일 때 위험 회피형 인터페이스로 전환하며, 시장 변동성이 큰 구간에는 단순화된 차트와 요약 알림을 우선 제공해 의사결정 피로도를 감소시켰다. 교육 플랫폼에서는 실험 사용자 그룹을 대상으로 무작위 제어 실험을 실시한 결과, 적응형 UX를 적용한 그룹의 학습 완료율이 증가하고 지속 학습 시간이 늘어났다. 헬스케어 분야에서는 원격 재활 앱이 환자의 피로도를 감지해 운동 강도를 자동 조절하고, 음성 지시 속도와 난이도를 맞춤화함으로써 환자 참여율이 상승했다.

데이터 보호와 프라이버시는 이 기술의 필수 요소로, 차등 개인정보 보호와 연합 학습 기법을 결합해 구축된다. 생체 및 감정 데이터는 모두 로컬 디바이스 내에서 암호화된 상태로 처리되며, 중앙 서버에는 개인 식별 정보가 제거된 학습 파라미터만 전송된다. 이를 통해 사용자별 민감 정보가 외부에 노출되지 않도록 보장함은 물론, GDPR 등 글로벌·국내 규제도 모두 준수한다. 또한, 독립적인 AI 윤리 위원회가 모델 작동 로그를 주기적으로 감사해 알고리즘 편향성을 검증하며, 사용자에게 투명한 XAI(설명 가능한 AI) 인터페이스를 제공해 어떤 생체·행동 요소가 UX 변화에 영향을 주었는지 명확히 확인할 수 있도록 지원한다.

옴니채널 개인화와 콘텍스트 인식 경험

옴니채널 개인화와 콘텍스트 인식 경험은 사용자가 접하는 모든 채널과 디바이스에서 일관된 브랜드 경험을 제공하는 전략의 핵심 요소로 부상하고 있다. AI 시스템은 모바일 앱과 웹사이트를 넘어 스마트 TV, AR/VR 헤드셋, 디지털 사이니지, 스마트 스피커, 심지어 커넥티드 카(Connected Car)의 인포테인먼트 시스템까지 통합 관리하며, 사용자의 현재 위치, 시간대, 날씨, 동반자 유형, 주변 소음·조도, 교통 상황, 심지어 장치 배터리 잔량 등 실시간 콘텍스트 데이터를 끊임없이 수집·분석한다. 이를 위해 이벤트 기반 데이터 레이크와 고속 스트림 프로세싱 플랫폼(Kafka, Flink, Spark Streaming)을 구축해, 각 디바이스에서 발생하는 콘텍스트 이벤트를 즉시 스트리밍하고, AI 환경 인식 모듈은 이 데이터를 해석해 '퇴근길 여유 영상 + 해설 스크립트', '맞춤형 운동 코스 맵 + 음성 가이드', '점심시간 맛집 추천 + 예약 링크' 등 상황별 맞춤 시나리오를 자동 전환·제공한다.

AI는 멀티모달 신경망을 활용해 사용자가 채널을 전환할 때마다 프로필과 페르소나 정보를 실시간 동기화하며, 크로스디바이스 여정(Customer Journey)을 중단없이 이어준다. 예컨대, 아침에 모바일로 경제 뉴스를 읽던 사용자가 출근길 버스 정류장에서 AR 안경으로 해당 뉴스의 핵심 요약본을 시청하고, 도착 후 사무실의 디지털 사이니지에서 심층 분석 인터랙티브 차트를 직접 제어하며, 이 내용을 스마트 스피커를 통해 복습하는 흐름이 매끄럽게 연결된다. 이렇게 생성된 모든 상호작용 로그는 중앙 AI 플랫폼으로 전송되어 실시간 피드백 루프를 형성하며, 콘텐츠 추천 알고리즘과 UI/UX 매핑은 지속해서 최적화된다.

이 시스템은 옴니채널 퍼스널라이제이션(Personalization, 개인 맞춤화) 도입 기업들 사이에서 이탈률을 감소시키고, 크로스셀링 수익을 증가시키는 뛰어난 상업적 성과를 기록하고 있다. 예를 들어, 헬스케어 서비스에서는 웨어러블 디바이스와 모바일 앱, 클리닉 키오스크 간 데이터를 연동해 '걷기 1만 보 달성 알림 + 실내 운동 가이드' 같은 맞춤형 헬스케어 코칭을 제공, 환자의 참여율을 30% 이상 높였다. 리테일 분야에서는 오프라인 매장의 디지털 사이니지와 모바일 쿠폰, 챗봇 상담, 배송 트래킹 알림까지 사용자가 어떠한 접점에서든 동일한 페르소나 경험을 유지할 수 있도록 설계해 평균 객단가가 12% 상승했다.

옴니채널 개인화 구현을 위한 기술적 과제도 상존한다. 다양한 채널과 디바이스에서 수집되는 방대한 콘텍스트 데이터의 통합 분석을 위해, 분산 데이터 처리 프레임워크와 AI 모델 서버의 스케일링이 필수적이며, 네트워크 지연 최소화를 위해 에지 컴퓨팅 인프라를 활용한다. 또한 사용자 경험의 일관성을 저해하지 않으면서도 실시간 콘텍스트 전환에 맞춰 UI/UX 요소를 자동 업데이트하기 위해, 프론트엔드·백엔드 간의 API 통합 및 상태 관리(State Management)가 중요한 설계 포인트로 꼽힌다. 이와 함께 개인정보 보호와 보안도 필수적이다. 사용자의 위치 정보, 생체 데이터 등 민감 정보는 암호화된 토큰 형태로 처리되며, 모든 데이터 파이프라인은 GDPR, 「개인정보보호법」 등 국내외 규제 요건을 준수하도록 설계된다.

앞으로는 5G 네트워크 슬라이싱과 네트워크 함수 가상화(NFV)를 통해 개인화 트래픽을 우선 처리하고, AI 기반 적응형 QoS(Quality of Service) 메커니즘이 도입되어, 옴니채널 경험의 지연 없이 동기화된 서비스 품질을 보장할 것이다. 또한, 메타버스 플랫폼 통합 시나리오에서는 가상 환경과 물리 환경을 넘나드는 콘텍스트 인식을 통해, 사용자별 아바타와 실시간 홀로그램 메시지, 인터랙티브 가상 행사 초대 등이 하나의 생태계에서 자연스럽게 연결되는 차세대 경험이 등장할 전망이다.

참고문헌

김건표(2024.11.14). "초개인화 마케팅으로 매출을 높이는 5가지 전략: AI 데이터 활용법". Adriel. https://www.adriel.com/ko/blog/5strategies-for-hyper-personalized-marketing

뉴로저니(2025.4.25). "감정 기반 고객 여정 맵, 새로운 UX 전략의 무기". 브런치스토리. https://brunch.co.kr/@neurojourney/6

이해룡 외(2011.10). "감성 UX 기술동향". 《전자통신동향분석》, 26(5), 83~91쪽. https://ettrends.etri.re.kr/ettrends/131/0905001656/26-5_

083-091.pdf
Appier(2024). “인공지능(AI) 활용 개인맞춤화로 사이트 첫 방문자를 전환시키는 방법”.
https://www.appier.com/ko-kr/blog/ec9db8eab3b5eca780eb8aa5ai-ed999cec9aa9-eab09cec9db8eba79eecb6a4ed9994eba19c-ec82acec9db4ed8ab8-ecb2ab-ebb0a9ebacb8ec9e90eba5bc-eca084
IBM(2024.12.18). “고객 프로필이란 무엇인가요?”.
https://www.ibm.com/kr-ko/think/topics/customer-profile
Wikidocs(2024.4.12). “1-6 AI를 활용한 UX 디자인의 미래”.
https://wikidocs.net/237135
Wix(2022.11.24). “페르소나(persona) 뜻과 UX 디자인에서 중요하게 여겨지는 이유”.
https://ko.wix.com/blog/post/how-to-create-a-user-persona-ux

09
AI와 실감 콘텐츠 규범 · 윤리

저작권, 프라이버시 등 AI와 실감 기술이
야기하는 사회적 · 윤리적 쟁점을 논의한다.

AI와 화장품?

현실을 닮은 기술, 그에 따른 책임과 고민

인공지능은 실감 콘텐츠 제작 환경에서 혁신적인 변화를 주도하고 있다. 실감 콘텐츠를 구성하는 텍스트, 이미지, 음성, 영상, 3D 모델링 등 다양한 요소의 생산 전반에 AI 기술이 빠르게 도입되면서, 제작의 효율성과 접근성이 비약적으로 향상되었다. 이제는 전문적인 기술이 없는 일반 사용자도 콘텐츠 제작에 참여할 수 있으며, 크리에이티브 영역의 대중화가 본격적으로 이뤄지고 있다.

그러나 이러한 급속한 발전의 이면에는 그에 상응하는 윤리적, 법적 쟁점이 동반되고 있다. AI가 학습하는 과정에서 수집되는 데이터의 저작권 문제, AI 산출물의 소유권 문제, 그리고 데이터 편향성과 윤리적 통제의 부재 등 복합적인 이슈들이 동시다발적으로 발생하고 있는 것이다. 특히 실감 콘텐츠처럼 몰입감과 현실감을 강조하는 영역에서는 더욱 민감한 개인정보와 감정 데이터가 다뤄지기 때문에, 기술 도입의 가속화와 더불어 규범적 · 정책적 준비가 절실하다.

창작자란 누구인가?

AI가 생성한 콘텐츠는 기존 저작권 체계 안에서 보호받을 수 있는가? 이 질문은 단지 법적 논점을 넘어, 창작의 본질에 대한 근본적인 성찰을 요구한다. 2022년, 미국에서 AI 알고리즘 '다부스(DABUS)'가 생성한 디지털 이미지의 저작권 등록을 신청한 사건은 이를 상징적으로 보여 준다. 이를 개발한 스티븐 탈러(Stephen Thaler)는 AI의 창작 결과물도 저작물로 인정받아야 한다고 주장했지만, 미국 저작권청은 '저작물은 인간의 창작물이어야 한다'는 원칙을 근거로 등록을 거부했다. 반면, 호주에서는 다부스를 특허법상 '발명자'로 인정하면서 서로 다른 법적 해석의 가능성을 보여 주었다.

한국에서도 유사한 사례가 나타났다. 유명 시인의 시를 기반으로 프롬프트를 생성하고, 이를 AI가 영상으로 변환한 결과물에 대해 저작권 등록을 시도한 사례에서, 한국저작권위원회는 '인간 창작성이 부족하다'는 이유로 이를 기각했다. 다만, AI 산출물에 인간의 창의적 개입이 추가된 경우, 여러 AI 산출물을 조합하고 특정한 배열로 구성한 경우에는 '편집저작물'로서 인정 가능성을 열어두고 있다(송선미, 2022). 미국에서는 이미지 생성 AI '미드저니'를 이용한 일러스트레이션과 인간의 텍스트 저작물을 결합한 작품 〈새벽의 자리야〉에 대해 '편집저작물'로 등록된 사례가 있다. 미국 저작권청은 초기 해당 작품이 AI를 활용한 작품인지 몰라 저작권 등록을 승인했다가, 이후 해당 사실을 알게 되어 기존 등록을 취소하고, 신규 등록증을 발급했다. 다만, 작가가 창작에 기여한 부분인 텍스트, AI로 생성된 그림을 선택, 배열 및 조정한 것에 대해서만 인정하며 AI 산출물인 일러스트레이션에 대해서는 불인정했다.

이와 같은 논의는 「저작권법」 개정의 필요성과 함께, 창작의 정의가 점차 확장되어야 함을 시사한다. 향후에는 인간-AI 공동 창작물의 법적 지위, 공동 저작권의 범위, 기계 창작에 대한 책임 귀속 문제 등 보다 복합적인 판단 기준이 요구될 것이다.

학습 데이터 수집과 편향의 문제

AI는 대량의 데이터를 기반으로 학습하며, 이 데이터가 얼마나 공정하고 균형 있게 구성되었는가는 AI 산출물의 질에 직결된다. 그러나 현실적으로 AI 학습용 데이터는 웹에서 크롤링한 대규모 비정형 정보가 다수를 차지하며, 이로 인해 편향된 결과나 저작권 침해 가능성이 높아지고 있다.

대표적인 사례로는 미국 스탠퍼드대학의 연구 결과가 있다(Ananya, 2024). OpenAI의 이미지 생성 모델인 달리는 직업명 '의사'나 'CEO'를 입력하면 대부분 남성 이미지를, '간호사'나 '보모'는 여성 이미지를 생성하며, 추상적 키워드 '아름다움'에 대해서는 특정 인종(백인) 중심의 이미지가 생성되는 경향을 보였다. 이는 AI가 학습한 데이터 자체가 성별·인종적으로 편향되어 있었음을 의미한다.

국내에서는 2023년 네이버 웹툰의 도전만화 게시판에서 발생한 'AI 학습 데이터 무단 활용' 논란이 있다. 이용 약관상 '연구 목적'으로의 활용이 명시되어 있었지만, 창작자들은 명확한 사전 고지와 동의 절차 없이 본인의 작품이 AI 학습에 활용될 수 있다는 점에 반발했다(구창훈, 2023). 이는 창작자와 플랫폼 간의 신뢰 관계를 위협하고, 더 나아가 데이터 사용의 윤리적 기준에 대한 사회적 합의가 필요함을 보여 준다.

AI 데이터의 수집, 활용, 폐기까지의 전 과정에 대한 투명성 확보, 출처 표기, 편향성 제거 기준 수립 등은 AI 윤리에서 가장 우선적으로 다뤄야 할 사안이다.

AI 기술은 이제 사용자의 시선, 표정, 감정 상태, 신체 움직임 등을 실시간으로 감지하고 해석할 수 있는 수준에 도달하고 있다. 특히 실감 콘텐츠에서는 이와 같은 생체 기반 인터페이스 기술이 몰입감 증진과 자연스러운 상호작용을 가능케 하는 핵심 요소로 활용된다. 하지만 동시에, 이러한 기술은 개인의 내면 상태, 정체성 정보, 생체 데이터 등을 외부에 노출시키는 문제를 수반한다.

따라서 생체 정보 및 감정 데이터 수집에 대한 명확한 동의 절차, 수집된 정보의 저장 기간 및 활용 범위에 대한 투명한 관리, 프라이버시 보호 기술의 병행 개발 등이 시급하다. 사용자의 정체성을 기반으로 한 기술은 궁극적으로 사용자 주체성과 자율성을 보장하는 방향으로 설계되어야 한다.

국제 규제와 국내 대응의 간극

AI와 관련된 법적 규제로는 국제적으로 유럽연합(EU)의 「AI Act」가 가장 선도적인 규제 프레임워크로 평가받는다(한국법제연구원, 2024). AI 시스템을 위험도에 따라 4단계로 구분하고, 특히 고위험 시스템에 대해서는 데이터의 품질, 투명성, 설명 가능성, 인권 보호 기준 등을 엄격히 규정하고 있다. 생성형 AI에 대해서는 결과물이 생성된 사실과 그 출처를 명시해야 하며, 시민의 권리를 침해할 가능성이 있는 AI 사용은 금지된다.

반면, 한국은 AI 산업의 육성과 진흥에 초점을 맞추고 있으며, 고위험 AI만을 제한적으로 규제하는 입장을 취하고 있다. 최근 제22대 국회에서는 생성형 AI의 정의, 사전 고지 의무, 데이터 출처 표기 의무 등을 포함한 다양한 법안이 발의되었으나, 아직까지 구체적인 제도화는 초기 단계에 머물러 있다. 다만, 한국저작권위원회의 AI 저작권 안내서 발간, 자유 이용 콘텐츠 플랫폼 운영, AI 저작권 제도 개선 워킹 그룹 활동 등은 AI 생태계의 건전한 발전을 위한 초석으로 작용하고 있다.

창작의 자유와 보호, 그 균형을 위해

AI는 실감형 콘텐츠를 포함한 전 영역에서 창작의 효율성을 극대화하며, 새로운 창작 생태계를 열어 가고 있다. 과거에는 상상으로만 가능했던 장면이 AI를 통해 즉시 구현되고, 사용자 맞춤형 콘텐츠 제작이 가능해지면서 콘텐츠 생산의 패러다임 자체가 변화하고 있다. 그러나 이러한 변화는 동시에 법적 공백, 권리 귀속 논란, 프라이버시 침해, 사회적 편향 재생산 등의 복잡한 윤리적 문제들을 동반한다.

기술의 진보가 반드시 규범의 진보를 동반하지는 않는다. 이제 필요한 것은 AI 기술의 효율성을 유지하면서도 인간의 창작 주체성과 권리를 보호할 수 있는 다층적이고 정교한 제도 설계다. AI와 인간이 상호 보완적으로

작용하는 창작 환경, 프라이버시가 존중되는 사용자 중심 인터페이스, 데이터 윤리와 법적 책임이 명확한 플랫폼 운영이 그 핵심이다.

국가 간 협력과 국제적 기준의 정립을 통해 저작권, 프라이버시, 데이터 윤리 등 다양한 영역에서 통일된 원칙이 마련되어야 하며, AI 기술과 실감 콘텐츠가 건강하게 공존하는 생태계를 조성하는 것이야말로 미래 사회가 추구해야 할 가장 중요한 방향일 것이다.

참고문헌

구창훈(2023). "생성형 AI와 저작권 이슈". 《방송문화》, 2023년 겨울호, 30~43쪽.
https://cllgm.github.io/kba_winter/pdf/sub3.pdf

송선미(2022.3.11). "AI 창작물의 저작권 보호에 관한 해외 동향". 한국저작권위원회 이슈리포트.
https://www.copyright.or.kr/information-materials/trend/the-copyright/view.do?brdctsno=50540

한국법제연구원(2024). 《유럽연합 인공지능법(번역본)》.
https://www.klri.re.kr/kor/data/S/1026/view.do

Ananya(2024.3.19). AI image generators often give racist and sexist results: can they be fixed? Nature.
https://www.nature.com/articles/d41586-024-00674-9

10
AI 활용 실감 콘텐츠 산업의 미래 전략

AI는 실감 콘텐츠 제작의 모든 단계를 자동화하고 유기적으로 연결하며, 동시에 새로운 수익 모델과 윤리적 거버넌스를 뒷받침하는 핵심 기술로 자리 잡고 있다. AI 기반의 파이프라인 최적화, 맞춤형 비즈니스 전략, 법·윤리 체계, 글로벌 협력, 지속 가능성까지 아우르며 실감 콘텐츠 산업이 미래를 준비하는 방법을 총체적으로 제시한다.

종교와 AI?

AI 기술 통합을 통한 제작 파이프라인 최적화

AI 기술 통합을 통한 제작 파이프라인 최적화는 실감 콘텐츠 산업 경쟁력의 핵심 축으로 부상하고 있다. 과거에는 기획, 촬영, 편집, 후반 작업, 배포까지 모든 단계가 개별 팀에 의해 분절적으로 수행되어, 커뮤니케이션 오류와 일정 지연이 빈번했다. 하지만 AI 통합으로 전체 과정을 하나의 유기적 워크플로로 재구조화하면서, 다양한 제작 단계가 실시간으로 연결되고 자동화되었다. 기획 단계에서는 AI 예측 엔진이 시장 트렌드, 관객 데이터, 경쟁 콘텐츠 분석을 바탕으로 새로운 콘셉트를 발굴하고 시뮬레이션하며, NLP 기반 아이디어 브레인스토밍 툴은 유저가 선호하는 키워드와 이미지를 결합해 스토리 아이디어를 생성한다. 이어 스토리보드 자동화 모듈은 주요 장면, 카메라 앵글, 대화 흐름 등을 초안으로 배치해, 기획자가 수정할 부분만 최소한으로 검토할 수 있도록 지원한다.

촬영과 제작 단계에서는 AI 비전 시스템이 현장 카메라 피드를 실시간으로 모니터링하며, 최적의 촬영 각도와 조명 세팅을 제안한다. 드론이나 로봇 카메라 제어는 AI 계획 엔진이 설정한 경로를 따라 정밀하게 이동하며, 피사체 추적 기능을 통해 움직임을 놓치지 않는다. 음향 수집 또한 AI가 현장 소음을 분석해 마이크 게인(microphone gain)을 자동 조정하고, 배경음과 효과음의 밸런스를 실시간으로 맞추어 최적의 오디오 녹음 환경을 제공한다. 이 과정에서 수집된 영상과 사운드는 에지 서버로 전송되어 자동으로 정합 · 동기화되며, 노이즈 제거와 색 보정이 현장 단계에서 이미 시작되어 후반 작업 부담을 줄인다.

후반 작업에서는 AI 자산 관리 시스템이 프로젝트에서 생성된 수많은 디지털 자산을 자동으로 메타 태깅하고, 감정 톤, 장르, 키워드, 컷 길이 등 다양한 속성으로 분류해 중앙 라이브러리에 저장한다. 사용자는 키워드 검색만으로도 필요한 자산을 즉시 찾아 활용할 수 있으며, AI 추천 엔진은 프로젝트 요구 사항과 과거 사용 패턴을 바탕으로 최적의 자산 조합을 제안한다. 편집 단계에서는 GAN과 VAE 기반 자동 편집 모델이 컷 분할, 전환 효과, 배경 음악 타이밍 설정 등을 자동으로 수행하고, 사용자는 간단한 검토와 승인만으로 편집본을 완성한다. 이처럼, 자동 편집 기술은 제작팀이 창의적 보강에 더 많은 시간을 투자할 수 있게 되었다.

AI 통합 파이프라인은 예산 관리와 일정 관리에도 적용된다. 프로젝트의 주요 단계마다 소요 시간을 예측하고, 예산 집행 데이터를 실시간으로 모니터링해 초과 위험을 경고하며, 일정 변경 시 리소스 재배치를 자동 제안한다. 이를 통해 제작팀은 수작업 오류에서 해방되어 창의적 의사결정에 집중할 수 있게 되며, 전체 제작 과정이 원활하게 운영된다.

새로운 비즈니스 모델과 수익 창출 전략

새로운 비즈니스 모델과 수익 창출 전략은 실감 콘텐츠 산업이 단순한 기술 과시를 넘어 지속 가능한 생태계로 자리매김하는 데 필수적인 요소다. 전통적으로 공연장 티켓 판매나 배너 광고, 스폰서십이 주요 매출원이었다면, 이제는 구독형 모델을 중심으로 한 정기 결제 서비스가 일반화되고 있다. 실감형 영상 콘텐츠를 제공하는 플랫폼은 월 단위 또는 분기 단위로 프리미엄 멤버십을 출시해, 회원들에게 전용 전시 투어, 아티스트와의 가상 만남, 비하인드 신 접근권을 제공함으로써 안정적인 수익을 확보한다. 여기에 소규모 결제를 통해 특정 장면의 시점 변경이나 인터랙티브 분기 선택권을 구매하도록 하는 마이크로트랜잭션(Microtransaction) 방식도 결합되어, 사용자는 자신의 취향에 맞춰 콘텐츠를 맞춤형으로 확장할 수 있다.

블록체인 기반의 NFT(Non-Fungible Token) 디지털 애셋 거래 시장도 빠르게 성장하고 있다. 이용자는 좋아하는 캐릭터의 한정판 홀로그램 굿즈, AR 필터, 가상 아바타 의상 등을 NFT 형태로 구매 · 소유할 수 있고, 이 거래는 2차 시장을 통해 활발히 이어진다. 특히 팬 커뮤니티에서는 한정판 굿즈의 희소성과 소장 가치를 입증하는 스마트 콘트랙트가 큰 호응을 얻고 있으며, 이로 인해 플랫폼 운영사는 중개 수수료 수익과 로열티를 지속적으로 확보한다.

브랜드 협업형 스폰서 콘텐츠도 더욱 정교해졌다. AI 분석을 통해 이용자의 관심사와 선호 장르를 실시간으로 파악한 후, 해당 이용자에게 최적화된 스폰서 로고 노출, 제품 시연 인터랙션, 가상 체험 쿠폰 발급 등을 결합한 스폰서십 패키지를 제안한다. 예를 들어, 스키 애호가를 타깃으로 한 실감형 겨울 스포츠 콘텐츠에서는 의류 브랜드가 제공하는 가상 피팅 룸을 연동해, 이용자가 홀로그램 환경에서 의류를 착용해 보도록 유도한 뒤 실제 쇼핑몰 링크를 전달하는 식이다. 이렇게 맞춤형으로 설계된 스폰서 콘텐츠는 기존의 일방향적 광고보다 이용자의 적극적인 참여를 이끌어 내고, 결과적으로 브랜드 인지도와 소비 전환율을 높여 준다.

AI는 또한 가변적 가격 책정(Dynamic Pricing) 엔진을 통해 실시간으로 가격을 조정하는 기능을 수행한다. 콘텐츠 유형, 이용 시간, 수요 밀집도, 이용자의 이전 구매 행동 등을 종합적으로 분석해 최적의 이용 요금을 계산함으로써, 고정 요금제의 한계를 극복하고 수익을 극대화한다. 예컨대, 주말 저녁 시간대에는 프리미엄 입장권 가격을 상향 조정하고, 비수기 낮 시간대에는 할인 이벤트를 자동으로 적용하는 식이다. 이는 플랫폼 사업자가 매출 변동성 없이 안정적으로 수익을 창출하는 데 큰 도움이 된다.

AI 기반 광고 시스템 역시 몰입형 콘텐츠 분야에서 새로운 돌파구를 제시한다. 이용자 행동 로그와 시선 추적 데이터를 AI가 실시간 분석해, 가장 시선을 많이 끄는 콘텐츠 구간에 자연스럽게 배너나 인터랙티브 광고를 삽입하도록 제어한다. 이때 광고주는 단순히 화면 한 구석에 광고를 노출하는 것이 아니라, 콘텐츠 스토리텔링 흐름에 맞춘 광고 내러티브를 제공함으로써 이용자의 몰입감을 유지하면서도 브랜드 메시지를 효과적으로 전달한다. 예컨대, 가상 박물관 투어 중 특정 전시물 앞에 멈춰선 이용자에게 AR을 통해 관련 브랜드의 제품이 전시된 공간을 추가로 보여 주거나, 홀로그램 캐릭터가 광고

문구를 자연스럽게 설명하는 방식이다. 이러한 맥락 기반 광고 삽입 기법은 클릭률과 전환율을 동시에 높여 플랫폼 운영사와 제작사 모두 새로운 수익원을 확보하도록 돕는다.

이처럼 다각적인 수익 창출 전략을 AI와 결합하면, 실감 콘텐츠 산업은 단순한 기술 구현 단계에서 벗어나 안정적인 비즈니스 모델을 갖춘 성숙한 시장으로 발전할 수 있다. 다양한 결제 옵션과 브랜드 협업, 맞춤형 스폰서십, 스마트 요금 관리, 맥락형 광고 삽입을 통해 이용자 경험을 훼손하지 않으면서도 수익을 극대화할 수 있다는 점이 이 전략의 가장 큰 강점이다. 플랫폼과 제작사는 이를 바탕으로 콘텐츠 투자 규모를 확대하고, 더욱 혁신적인 실감 경험을 제공하는 선순환 구조를 만들어 갈 수 있을 것이다.

윤리적 · 법적 프레임워크 수립 및 거버넌스 강화

윤리적 · 법적 프레임워크 수립 및 거버넌스 강화는 AI 활용 실감 콘텐츠 산업이 지속 가능하게 뿌리내리기 위한 토대가 된다. AI가 생성한 영상, 음악, 이미지 등 다양한 형태의 창작물에 대한 저작권 귀속 주체와 권리 범위를 명확히 규정하지 않으면, 제작자와 플랫폼, 기술 제공자 간에 책임 소재가 불분명해져 분쟁이 빈발할 수 있다. 이를 방지하기 위해 한국저작권위원회는 AI 생성 콘텐츠의 저작권 귀속 주체를 판별하는 기준과 절차를 정립한 가이드라인을 발표했으며, AI 학습에 사용된 원저작물의 권리 보호 방안과 2차적 저작물로서의 AI 결과물에 대한 권리 귀속 규정을 상세히 명시했다. 이러한 저작권 가이드라인은 AI 생성 과정에서 발생할 수 있는 권리 침해를 사전에 차단하고, 산업 전반이 예측 가능한 법적 환경에서 창작 활동을 이어갈 수 있도록 지원한다.

데이터 편향성과 차별의 문제 역시 실감 콘텐츠의 공정성을 위협하는 요소다. AI 모델은 학습 데이터에 내재된 편향을 그대로 학습해 특정 인종, 성별, 지역, 연령대를 부당하게 배제하거나 부정확하게 묘사할 수 있다. 이에 따라 방송통신위원회는 AI 기반 추천 알고리즘의 투명성을 확보하고, 알고리즘이 어떤 기준으로 콘텐츠를 선별·추천하는지를 설명하도록 하는 '설명 가능한 AI(XAI)' 의무 적용 방안을 검토 중이다. 이 방안에는 알고리즘이 학습한 데이터의 출처·구성 비율을 주기적으로 공개하고, 의사결정 과정에 대한 설명 자료를 사용자에게 제공하는 내용이 포함되어, 이용자가 추천 결과를 이해하고 문제를 제기할 수 있는 권리를 보장하도록 설계된다.

개인정보 보호와 사용자 안전 보장도 필수적이다. 실감 콘텐츠는 사용자의 위치, 생체 신호, 행동 패턴 등 민감한 데이터를 대량으로 수집·처리하므로, 개인정보보호위원회의 가이드라인에 따라 데이터 최소 수집 원칙, 동의 기반 처리, 목적 제한, 보관 기간 단축 등의 조치를 엄격히 준수해야 한다. 특히 사용자 동의 범위를 벗어난 추가 처리나 제3자 제공을 금지하고, 데이터 유출 사고에 대비한 암호화 및 접근 통제 체계를 마련함으로써 이용자의 프라이버시를 철저히 보호해야 한다.

산업계 자율 규제 기구의 역할도 강조된다. 제작사, 플랫폼, 기술 개발자, 학계, 시민 단체가 참여하는 자율 규제 위원회를 설립해 AI 윤리 헌장과 심의 규정을 마련하고, 신규 AI 도입 프로젝트에 대한 사전 심의와 사후 감시를 수행해야 한다. 이 위원회는 AI 시스템의 학습 데이터 편향성 점검, 알고리즘 감사, 사용자 영향 평가 등을 정기적으로 실시하며, 문제 발생 시 시정 권고와 제재 방안을 마련한다. 또한 독립적인 외부 감사 조직을 통해 편향성 검증과 인권·프라이버시 영향 평가를 객관적으로 수행해, 제도적 거버넌스의 신뢰도를 높여야 한다.

이와 함께, AI 윤리와 법적 규제에 대한 교육과 훈련도 병행해야 한다. 제작자와 개발자, 기획자 모두가 AI 윤리 원칙과 「개인정보보호법」, 「저작권법」 관련 규정을 숙지하고 실제 업무에 적용할 수 있도록 정기적인 워크숍과 인증 프로그램을 운영해, 조직 전반의 리터러시를 향상시켜야 한다. 나아가 산업계와 정부, 학계가 협력하는 연구 펀드를 조성해 AI 윤리 · 법제 연구를 지원하고, 국내외 사례를 비교 분석하는 학술 교류를 활성화함으로써, 새로운 기술과 비즈니스 모델이 법 · 제도와 조화를 이루며 발전할 수 있는 토대를 지속적으로 구축해야 한다.

글로벌 시장 진출 및 협력 생태계 구축

글로벌 시장 진출 및 협력 생태계 구축은 국내 실감 콘텐츠 산업이 단일 시장의 한계를 넘어 세계 무대로 뻗어나가는 핵심 전략이다. 이를 위해 한국콘텐츠진흥원과 코트라는 전 세계에 분포한 코트라 글로벌 네트워크와 연계해 K-콘텐츠의 판권 거래 지원, 공동 제작 프로젝트 발굴, 현지화 및 마케팅 지원 사업을 추진하고 있다. 특히 현지 파트너 사와의 협력을 통해 문화적 맥락을 고려한 시나리오 조정, 자막 · 더빙의 뉘앙스 보완, UI · UX 현지화 전략을 병행함으로써, 해외 소비자들이 자연스럽게 몰입할 수 있도록 돕는다.

AI 기반 번역·더빙·자막 자동화 기술은 언어 장벽 해소를 넘어 현지화 비용과 시간을 크게 단축시킨다. 자동 음성 인식과 합성 기술을 결합한 '스마트 더빙' 솔루션은 원어 연사의 미세한 억양까지 학습해 현지어 더빙 결과물의 자연스러움을 높이고, 자막 자동 싱크 알고리즘은 말소리 타이밍에 맞춘 정확한 자막 배치를 지원한다. 이를 통해 하나의 콘텐츠가 한국어, 영어, 중국어, 스페인어 등 다국어 버전으로 빠르게 제작·배포되어 글로벌 플랫폼에 올라가며, 유통 초기 단계부터 소비자 반응 데이터를 실시간 수집·분석해 추가 현지화 작업에 반영한다.

미국, 유럽, 일본, 아시아권 주요 방송사 및 OTT 플랫폼과의 기술 제휴는 단순 콘텐츠 공급을 넘어, AI 기반 콘텐츠 경험 확장 기술 공동 개발로 이어지고 있다. 예컨대, 일본 NHK와 협력한 '가상 스튜디오' 프로젝트에서는 한국산 AI 캐릭터 생성 엔진을 적용해 현지 뉴스 캐스터의 얼굴과 제스처를 실시간 학습·재현하는 시범 방송을 선보였고, 유럽의 공영방송과는 몰입형 다중 언어 자막 시스템을 공동 연구해 방송 표준화를 추진 중이다.

중국의 iQIYI, 인도네시아의 Vidio 등 주요 OTT 사업자와 맺은 R&D 파트너십을 통해, 메타버스 내에서의 P2P 스트리밍 최적화 알고리즘을 공동 개발하며 글로벌 기술 표준 수립에도 기여하고 있다.

메타버스 · AR · VR 분야의 글로벌 포맷 경연 및 콘퍼런스 개최 지원은 국내 기업의 기술력을 알리는 주요 창구가 되고 있다. 서울과 부산, 대구 등 주요 도시에서 매년 열리는 'K-메타페스트'와 '글로벌 XR 포럼'은 해외 바이어와 학계, 투자자를 한자리에 모아 실감형 콘텐츠 시연을 펼치고, 후속 투자를 유치하는 장으로 자리매김했다. 이 행사에서는 국내 스타트업이 개발한 AI 기반 공간 스캐닝 솔루션, 실시간 다중 사용자 인터랙션 모듈, 홀로그래픽 전시 플랫폼 등 혁신 기술을 현지 파트너들에게 소개하고, 크로스보더(cross-border) 공동 프로젝트 기회를 모색한다. 또한 정부 차원의 '콘텐츠 글로벌 스타트업 지원 사업'을 통해 해외 데모 투어, B2B 매칭, 운영 자금을 지원하며, 국내 중견기업의 해외 법인 설립과 지사화도 촉진하고 있다.

이처럼 글로벌 네트워크 구축과 현지화 역량 강화를 동시에 추진하는 전략은 국내 실감 콘텐츠 산업이 콘텐츠 제작 능력뿐 아니라 기술 · 플랫폼 · 서비스 측면에서

국제 경쟁력을 갖추는 데 결정적 역할을 한다. 앞으로는 각 지역의 규제 환경과 소비자 선호를 더욱 면밀히 분석하는 AI 기반 시장 예측 모델을 도입해, 신규 진출국 선정과 현지 맞춤 전략 수립을 고도화해야 한다. 이를 통해 국내 기업이 포스트-코로나 시대의 비대면 · 실감형 엔터테인먼트 시장을 선도하며, 글로벌 콘텐츠 생태계의 핵심 플레이어로 자리매김할 수 있을 것이다.

지속 가능성과 친환경 실감 콘텐츠 제작

지속 가능성과 친환경 실감 콘텐츠 제작은 환경 · 사회 · 거버넌스(ESG) 경영을 실천하는 핵심 미래 전략으로, 산업 전반의 생태적 발자국을 근본적으로 줄이는 것을 목표로 한다. 대규모 GPU 클러스터와 데이터 센터는 방대한 전력과 냉각 자원을 소모하는 만큼, AI 모델의 연산 효율화가 시급하다. 이를 위해서는 모델 경량화, 양자화(quantization), 지능형 스케줄러를 통해 불필요한 연산을 최소화하고, 실제 트래픽과 사용량에 따라 컴퓨팅 자원을 동적으로 배분하는 오토스케일링 기술을 도입해야 한다. 또한, 재생 에너지 전력 구매 확대와 온사이트(On-site) 태양광 · 풍력 발전 설비 구축을 병행함으로써, 데이터 센터 운영 중 발생하는 탄소 배출량을 크게 낮출 수 있다. 한국에너지경제연구원의 연구에 따르면, 이러한 AI 최적화 기법을 적용한 데이터 센터는 이전 대비 전력 사용량이 현저히 줄어들며, 재생 에너지 사용 비중이 높은 리전에서는 실질적인 탄소 저감 효과를 누릴 수 있다고 보고되었다.

제작 현장도 예외가 아니다. 친환경 세트 제작을 위해서는 목재 · 플라스틱 · 금속 등 전통적인 제작 자재 대신, 생분해성 소재나 재활용이 검증된 자재를 우선적으로 선택해야 한다. 예컨대, 현장에서 버려지는 스크래치우드 조각이나 폐유리병을 가공해 세트 장식용 패널로 재탄생시키거나, 3D 프린터용 바이오플라스틱을 활용해 소품을 제작함으로써 폐기물 발생을 원천적으로 줄이는 사례가 늘고 있다. 디지털 세트의 활용도 적극 권장된다. 실제 물리 세트를 구성하는 대신 LED 월, AR · VR 배경, 가상 프로덕션 기술을 활용하면, 세트 운송과 설치, 철거 과정에서 발생하는 탄소 배출과 폐기물을 크게 절감할 수 있다.

이와 함께 제작 과정 전 단계의 환경 영향을 실시간으로 모니터링하는 AI 기반 ESG 대시보드를 도입해야 한다. 이 대시보드는 전력 사용량, 물 사용량, 자재 소비량, 폐기물 발생량 등 주요 환경 지표를 실시간 수집 · 시각화하며, 프로젝트 관리자가 즉각적인 조치를 취할 수 있도록 알림과 권고를 제공한다. 예를 들어, 세트 조명 시스템이 과도한 전력을 소모할 때 대시보드가 이를 감지해 LED 조명으로 자동 전환을 제안하거나, 물 사용량이 일정 기준을 넘어서면 재활용수 탱크로의 전환을 권장하는 식이다.

더 나아가, 조달부터 유통, 폐기에 이르는 전 과정의 환경 영향을 평가하는 라이프 사이클 어세스먼트(LCA)를 실감 콘텐츠 산업에 적용해야 한다. ISO 14040 시리즈 표준을 준수하는 LCA 분석을 통해 각 자재와 공정이 배출하는 온실가스, 에너지 소비, 오존층 파괴 물질 배출 등을 정밀 계산하고, 이를 바탕으로 친환경 인증 마크를 도입함으로써 소비자들에게 책임 있는 선택권을 제공할 수 있다. 친환경 인증을 받은 콘텐츠는 브랜드 가치가 높아질 뿐 아니라, 기관 투자자나 파트너 사와의 협업에서도 우선적으로 고려되며, 장기적으로는 산업 전반에 걸친 지속 가능한 공급망 구축을 촉진한다.

결국, 제작 효율과 품질, 수익성 확보, 윤리적 · 법적 프레임워크, 글로벌 확장 전략, 그리고 환경 보전이 균형 있게 조화될 때 실감 콘텐츠 산업은 진정한 의미의 지속 가능한 발전을 이룰 수 있다. 이러한 다섯 가지 전략적

축이 서로 유기적으로 결합되어 작동할 때, AI 활용 실감 콘텐츠 산업은 기술 혁신을 넘어 환경과 사회, 그리고 거버넌스 측면까지 고려하는 성숙한 생태계로 자리매김하게 될 것이다.

참고문헌

구창훈(2023). "생성형 AI와 저작권 이슈". 《방송문화》, 2023년 겨울호, 30~43쪽.
https://cllgm.github.io/kba_winter/pdf/sub3.pdf

윤종영(2024.12.17). "2025년, AI가 경제적 가치를 보여줄 시간". 《Cheil Magazine》. https://magazine.cheil.com/56314

한영주(2023). "AI 기술로 리얼리티 그 이상을 초월하는 영상콘텐츠". 한국방송통신전파진흥원(KCA), 《Media Issue & Trend》, 56.
https://www.kca.kr/Media_Issue_Trend/vol56/KCA56_22_domestic.html

IBM(2024.10.10). "AI 거버넌스란 무엇인가요?". IBM Think.
https://www.ibm.com/kr-ko/think/topics/ai-governance

Lee, H. et al.(2023.5.28). KoSBi: A dataset for mitigating social bias risks towards safer large language model application. ArXiv. https://arxiv.org/abs/2305.17701

황이환

광운대학교 디스플레이공학 박사 학위를 2023년에 취득했으며, 박사 과정 동안 홀로그램 영상 생성 알고리즘과 디지털 디스플레이 기술을 심층 연구했다. 한국전자기술연구원 홀로그램센터 연구원으로 재직하던 시절 실시간 홀로그램 디스플레이 최적화와 표준화 프로젝트를 주도하며 다수의 기술 보고서와 논문을 발표했다. 2023년 광운대학교 실감융합콘텐츠학과 전임교수로 임용된 이후 AI 기반 실감형 미디어 기술과 메타버스 인터랙션 연구를 핵심 과제로 삼아 교육과 연구를 병행하고 있다. 같은 해 국제표준화기구 IEEE2888 홀로그램분과의 정회원으로 선임되어 글로벌 홀로그램 표준 제정 작업에 참여하고 있으며, 2024년 7월에는 AI 홀로그래픽 콘텐츠 솔루션 전문기업 '옵틱믹스'를 설립해 대표이사로서 산업 현장에 AI·홀로그램 융합 플랫폼을 상용화하는 데 앞장서고 있다.

이재현

서울예술대학교를 졸업한 뒤, 광운대학교에서 공학 석사와 박사 학위를 취득했다. 광운대학교 실감콘텐츠단말기술연구센터 연구원 및 서울예술대학교 영상학부 겸임교수로 활동했다. 한국교육방송공사(EBS)에서 실감 콘텐츠 및 메타버스 책임프로듀서(CP)로 재직하며 다수의 교육 콘텐츠 제작에 참여했으며, 생성형 AI 콘텐츠 및 버추얼 휴먼 전문 제작사인 스튜디오메타케이에서 기술총괄로 재직하며 AI 콘텐츠 제작을 담당했다. 현재는 AI 기반 미디어 및 실감 콘텐츠에 관심을 가지고 연구를 수행하고 있다.